Richard Deiß

Nordlichter

100 Städte in Norddeutschland, welche man kennen sollte

E-Mail-Adresse des Autors:
richard.deiss@gmail.com

Anregungen und Verbesserungsvorschläge sind willkommen und werden in der nächsten Ausgabe berücksichtigt.

Herstellung und Verlag: BoD - Books on Demand, Norderstedt
Siebte Auflage 2023, Originalausgabe

© Richard Deiß, Berlin 2023

Printed in Germany

ISBN: 978-3-7543-403-63

Der Inhalt des Buches entspricht der Privatmeinung des Autors.

Bibliografische Information der Deutschen Nationalbibliothek
Die Deutsche Nationalbibliothek verzeichnet diese Publikation in der Deutschen Nationalbibliografie; detaillierte bibliografische Daten sind im Internet über http://dnb.d-nb.de abrufbar

Inhalt

Vorwort

Als Student hatte die von Fritz J. Raddatz herausgegebene *ZEIT-Liste der 100 Bücher* einen großen Einfluss auf mich. Hundert wurde für mich zur wichtigen Referenzzahl, und da ich Geografie studierte, fragte ich mich, was eigentlich die 100 Top-Städte Deutschlands wären. Damals war ich oft mit einer DB-Netzkarte unterwegs, um die in den 1980er Jahren noch auf Westdeutschland begrenzte Bundesrepublik zu erkunden. Ich sah über hundert Städte und hatte eine selbst gezeichnete Landkarte an der Wand, auf welcher die Attraktivität der Städte von rot (höchste Stufe), über orange bis gelb und weiß markiert war. Um das Jahr 2010 zählte ich alle besuchten deutschen Städte und kam auf fast 400. Im Jahr 2014 erreichte die Zahl der besuchten Städte über 700 und ich beschloss, die runde Zahl 1000 noch voll zu machen, was ich im Herbst 2015 erreichte.

Im Frühjahr 2020 publizierte ich das Buch *Weg ist das Ziel*, um alle 1000 Städte aufzulisten. Zu 250 Städten waren kurze Texte enthalten, für mehr war in einem Taschenbüchlein kein Platz. So beschloss ich, weitere Bände für Teilregionen zu publizieren, mittlerweile sind es sechs, um auf zusätzliche Städte eingehen zu können.

Hiermit liegt, in der siebten Auflage, der Norddeutschlandband mit über 100 Städten vor, etwa 20 pro Flächenland bzw. 15 pro ehemaligem Regierungsbezirk in Niedersachsen. Mehr als 260, also etwa 85% der 308 Städte dieser Region, habe ich bereits besucht. Zur Neuauflage habe ich die fehlenden Städte in Schleswig-Holstein besucht (21 Städte). Entsprechende Städteeindrücke werden kurz skizziert.

Berlin, im Mai 2023
Richard Deiß

Zur siebten Auflage neu besuchte Städte

Mit 21 neu besuchten Städten habe ich nun alle 63 Städte Schleswig-Holsteins gesehen.

Schleswig

Bredstedt
Sehenswerte kleine Backsteinstadt.

Wyk auf Föhr
Kleine touristische Inselstadt ohne architektonische Höhepunkte.

Region Holstein

Unspektakuläre kleinere Orte im Umland von Hamburg ohne besondere Sehenswürdigkeiten:
Bargteheide, Barmstedt, Glinde Kaltenkirchen Quickborn, Schenefeld, Uetersen, Tornesch

Brunsbüttel
Durch den Nord-Ostseekanal und die Schleuse interessanter Ort mit allerdings wenig historischem Kern.

Geesthacht
Mäßig interessanter Ortskern, immerhin mit einzelnen Fachwerkhäusern und Nobel-Denkmal.

Heiligenhafen
Angenehme kleine Küstenstadt mit allerdings sehr kleinem Stadtkern.

Krempe
Hübsche Backsteinkleinstadt

Marne
Gemütliche, aber unspektakuläre Kleinstadt

Meldorf
Hübsche Kleinstadt.

Neustadt in Holstein
Interessant gelegene Stadt mit größerem Stadtkern und einigen Sehenswürdigkeiten.

Nortorf
Unscheinbarer Ort fast ohne Sehenswürdigkeiten in der geographischen Mitte des Landes.

Reinfeld
Stadt mit nur wenigen Sehenswürdigkeiten

Reinbek
Sehenswertes Schloss, ruhige kleine Stadt

Wilster
Schöne gemütliche Kleinstadt mit sehenswertem Rathaus.

Neubewertungen

Mehrere Besuche im Jahr 2022 lassen mich die Städte Husum und Rendsburg noch positiver und interessanter sehen. Eutin erweist sich beim Zweitbesuch als sehr hübsch. Tönning und Garding zeigen sich als nette Kleinstädte, Heide als attraktiver als erwartet, ebenso Schleswig. In Kiel sind Verbesserungen zu erkennen, an Atmosphäre fehlt es der Stadt jedoch weiterhin.

1. Die Stadtstaaten

❖❖ 🏭 🏭 Hamburg

Als Süddeutscher fahre ich immer gerne nach Hamburg. Der Hafen, die norddeutsche Backsteinatmosphäre, die Einfahrt mit dem Zug vorbei am Spiegel-Verlagsgebäude, ein beeindruckender Hauptbahnhof. Hamburg gehört mit seinen Gewässern und seiner prächtigen Innenstadt ganz klar zu den schönsten deutschen Großstädten. Es gibt zwar auch viele raue Ecken in der Stadt, aber das maritime Element gleicht das aus. Einzigartig die Hafen-City mit der Speicherstadt und neuer moderner Architektur. Dazu eigenständige interessante Viertel wie das Schanzenviertel, St. Pauli oder das noble Harvestehude an der Außenalster. Als ich anfange, Opernhäuser zu sammeln, stelle ich fest, dass Hamburg auch eine Musikstadt ist, denn neben dem städtischen Opernhaus gibt es noch 3 private Spielstätten und dazu natürlich die spektakuläre Elbphilharmonie. Hamburg ist aber auch eine Einkaufsstadt, mit Läden, welche es woanders nicht gibt. Dazu gehört die chaotische Schatztruhe von Harrys Hafenbasar oder Buchläden wir Dr. Götze und Sautter und Lackmann.

Was Hamburg ein bisschen fehlt, ist ein verwinkeltes Altstadtherz mit kleinen Gassen. Andererseits gibt es viele prächtige Einkaufsstraßen, sogar mit Blick auf Kanäle, sehr selten in deutschen Großstädten. Im Frühsommer 2012 spaziere ich auf dem Weg von der Innenstadt zum Hauptbahnhof zur Außenalster und komme am Hotel Atlantic vorbei. Da sehe ich gerade, wie der dort wohnende Musiker Udo Lindenberg mit Assistenten und Bodyguard an der Ecke steht. Ein paar Leute gesellen sich dazu und ich lasse mir von Udo ein Männchen mit Autogramm in mein Notizbuch zeichnen.

Im April 2022 laufe ich die Außenalster entlang und Hamburg scheint mit dem klaren nördlichen Frühlingslicht und den Gewässern so attraktiv, wie kaum eine andere Metropole.

❖❖⊛ Bremen

Die Hansestadt Bremen gehört zu den schönsten Städten Norddeutschlands. Tritt man aus dem schönen Empfangsgebäude des Hauptbahnhofs, war der Blick lange Zeit erst eher enttäuschend. Man sah langweilige Blöcke und eine Hochstraße. Mittlerweile stehen hier ein bisschen modernere Blöcke, allerdings mit den zeittypischen Schießschartenfenstern. Immer noch muss man erst den Stadtgraben erreichen, bevor es wirklich besser wird. Da sieht man dann plötzlich rechterhand eine Windmühle in einem idyllischen Grünzug mit Gewässer. Geht man weiter, überwältigt einen dann am Markt die Dichte der Sehenswürdigkeiten, der Dom, das Rathaus, der Roland, das Landgericht, die Bürgerschaft. Geht man dann noch durch die backsteinexpressionistische Böttcherstraße zur Weser und erblickt dort ein altes Segelschiff, ist man zum Bremen-Fan geworden. Wer immer noch nicht genug hat, kann noch durch das putzige Schnoorviertel mit seinen kleinen Häuschen laufen oder am Ostertor durch das vielleicht beste Stadtviertel Deutschlands flanieren. Bremen wirkt urban, aber auch gleichzeitig kleinstädtisch. Der ehemalige Bürgermeister Henning Scherf sagte einst `Bremen ist vielleicht ein Dorf, aber das Dorf mit der schönsten Straßenbahn der Welt´. Bei einem Opernbesuch im Bremer Theater im Oktober 2018 sitzt der 2-Meter Mann Scherf vor mir. Keiner spricht ihn an, nach der Pause setzen er und seine Frau sich auf einen mittigeren Platz.

Im Frühjahr 2020 kommt Bremen durch ein Kunstwerk in die Schlagzeilen. Ein unbekannter Bildhauer hatte auf eigene Faust einen Bronze-Mann, der einen Einkaufswagen schiebt, in den Wallanlagen aufgestellt. Das Kunstwerk war von solcher Qualität, dass die Stadt beschloss, es stehen zu lassen. Sympathische Bremer Entspanntheit und Pragmatismus dachte man da. Dass man in Bremen Witz hat, zeigt sich auch daran, dass es im Zentrum Ampeln mit den Bremer Stadtmusikanten als Motiv gibt.

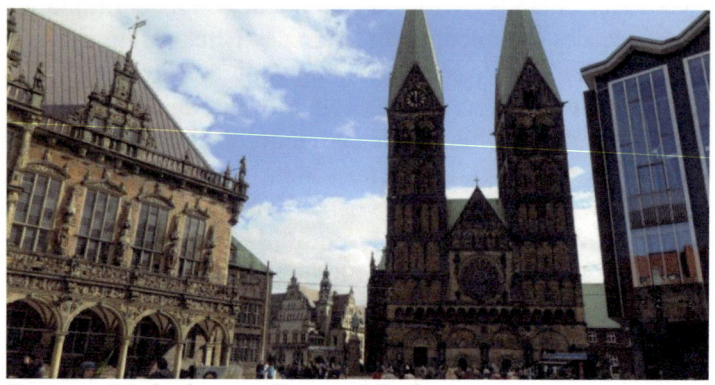

Bremens Marktplatz mit Dom und Rathaus

❖ 🏭 Bremerhaven

Spötter bezeichnen Bremerhaven, auch *Fish town* genannt, als zweitschönste Stadt im Bundesland Bremen. An einem Spätsommerabend komme ich mit einer Freundin am Bremerhavener Hauptbahnhof an und gehe in Richtung Stadtzentrum. Langsam wächst bei ihr die Ungeduld, denn die Straßenzüge, durch die man geht, erwiesen sich als ziemlich öde und langweilig. Plötzlich scheinen am Ende der Straße jedoch die Lichter des Museumshafens auf und die Stadt beeindruckt doch noch. Man sieht große Museumsschiffe, das interessant beleuchtete Klimahaus und das an Dubai erinnernde Atlantic Sail City Hotel. Am nächsten Vormittag ist dann eine Hafenrundfahrt doch recht interessant. Vom Neuen Hafen mit seiner modernen Wohn-bebauung gibt es ein paar interessante Blickperspektiven.
Bremerhaven - Meer erleben, der Stadtslogan scheint zu stimmen. Bei einem Besuch einer Opernaufführung im Theater muss ich jedoch feststellen, dass der zentrale Theodor-Heuss-Platz, sozusagen die gute Stube der Stadt,

sehr wenig hermacht. Hier gibt es kaum historische Bebauung, der Platz wirkt seelenlos. Seither bin ich mir nicht mehr sicher, ob Bremerhaven in eine Top100-Liste gehört. Andererseits war ich noch nie im Gründerzeitviertel Bremerhaven-Lehe mit seiner prächtigen Bebauung. Gleichzeitig gilt Lehe jedoch als einer der ärmsten Stadtteile Deutschlands, eines der Viertel mit Ghetto-Ruf, aber auch vom Wunder von Lehe wird gesprochen. Mit Grünhöfe, auch *Klein-Istanbul* genannt, gibt es ein weiteres Problemviertel in der Stadt. In Leherheide (`*Klein-Moskau'*) konzentrieren sich dagegen Russlanddeutsche. Wie kommt man von Istanbul nach Moskau? Mit der Buslinie 502 heißt es scherzhaft.

Havenwelten in Bremerhaven, `Dubai an der Nordsee'

2. Niedersachsen

Niedersachsen hat sehr unterschiedliche Landesteile. Im Süden des Landes gibt es viele mittelalterliche Fachwerkstädte. Der Norden und die Küste sind eher von norddeutscher Backsteinarchitektur geprägt. Die Hafenstädte sind hier meist nicht sehr alt und oft im Krieg stark zerstört worden und leiden heute zudem unter wirtschaftlichen und sozialen Problemen. Dazu gehören vor allem Wilhelmshaven und Bremerhaven. Tiefer im Binnenland sind die Städte oft älter und wirtschaftlich auch besser aufgestellt. Im Südosten des Landes wir die Topografie zudem interessanter, und gerade die einst durch Silberbergbau reichen Harzrandstädte bieten pittoreske Stadtbilder. Im Zweiten Weltkrieg traf es die niedersächsischen und bremischen Städte überdurchschnittlich. Die Innenstädte von Hannover, Braunschweig, Osnabrück, Emden und Bremerhaven wurden stark zerstört. Die historischen Klein- und Mittelstädte im Südosten des Landes mit ihren Fachwerkhäusern kamen dagegen weitgehend unbeschadet durch den Krieg. Auch die kleine Großstadt Oldenburg, sowie die historisch bedeutenden Mittelstädte Lüneburg und Celle, blieben von Bomben verschont. In Niedersachsen gibt es keine schnell wachsenden Metropolen. Es ist jedoch eine Vielzahl sehenswerter Städte vorhanden, deren Stadtbild langsam, aber sicher weiter verbessert wird.

Städte	Städte (alle besucht)	Top 100 Nord	Andere im Buch
Hannover	46	11	8
Braunschweig	33	17	8
Lüneburg	32	13	4
Weser-Ems	47	19	10
Niedersachsen	158	60	30

2.1 Ehemaliger Regierungsbezirk Hannover

Im ehemaligen Regierungsbezirk Hannover war ich schon sehr häufig, da ich oft mit dem Zug vom Rheinland aus nach Berlin unterwegs bin und hier manchmal einen Zwischenstopp einlege. Neben Hannover habe ich Hildesheim mindestens 5x besucht, in Hameln war ich 3x. In den anderen Orten war ich erst ein einziges Mal. Die Städtehighlights sind eher im Süden des ehemaligen Bezirks zu finden als im flachen und ländlichen Norden. Je weiter man in den Norden kommt, desto weniger Fachwerk und desto mehr Backstein sieht man. Kriegszerstörungen haben die beiden größeren Städte Hannover und Hildesheim die Fachwerkpracht gekostet. Kleinere Städte wie Hameln und die ehemaligen Residenzstädte Bückeburg und Stadt-hagen sind jedoch in ihrer historischen Anmutung erhalten geblieben.

Die zehn Städte, welche mich am meisten beeindruckten:

❖❖ 🏛 Hannover

Hannover wird von vielen unterschätzt. Im Krieg stark zerstört und danach durch den Stadtbaurat Rudolf Hillebrecht (1910-1999) autogerecht wieder aufgebaut, waren lange weite Teile der Innenstadt atmosphärearm. Hannover ist noch heute keine Touristenstadt, wird aber kontinuierlich besser, und die Lebensqualität ist hoch, vor allem in den Stadtteilen. Trotzdem gab es lange den Spruch *Nichts ist doofer als Hannover.* Und Harald Schmidt meinte giftig *Hannover ist zwar nicht der Arsch der Welt, aber man kann ihn von dort aus schon verdammt gut sehen.* Dabei wird angeblich nirgends ein besseres Hochdeutsch gesprochen als in Hannover. Zeitweise galt Hannover auch als heimliche Hauptstadt Deutschlands, weil wichtige bundesdeutsche Politiker in der Stadt Karriere gemacht hatten, so etwa Gerhard Schröder und Christian Wulff.

Als Bahnfahrer macht auf mich allein schon der Hannoveraner Hauptbahnhof mächtig Eindruck. Es ist zwar kein atmosphärischer Kopfbahnhof und die Bahnsteige sind eher mittelmäßig, doch er gehört zu den Bahnhöfen mit den stärksten Passantenströmen. Zusätzlich gibt es noch eine Ebene tiefer eine Einkaufspassage, die Passerelle. Tritt man aus dem Portal, ist man auch schon fast in der Innenstadt. Originell ist ein am Boden markierter roter Faden, der an allen wichtigen Sehenswürdigkeiten vorbeiführt. Zweimal laufe ich ihn ab. Ein weiteres Highlight ist das Neue Rathaus (wo Stadtmodelle eindrucksvoll den Zustand der Stadt vor dem Krieg, in Trümmern und nach dem Wiederaufbau zeigen) mit dem Maschpark. Von dort sind es nur wenige Schritte zum Maschsee. Auf dem Weg dorthin kommt man noch am Sprengel-Museum vorbei, mit seinem brandneuen Erweiterungsbau, dem Brikett am Maschsee. Schon öfters habe ich dort den Merzbau des Hannoveraner Dadaisten Kurt Schwitters (1887-1948) besucht. Am Maschsee an einem strahlenden Sommertag wird mancher zum Hannover-Fan. Im Sommer 2018 geht es einem Freund so, der zum ersten Mal in der Stadt ist und den ich hierherbringe. Im Herbst 2022 bin ich an Bäumen interessiert und entdecke den sehenswerten Bergpark. Dort ist ein Urweltmammutbaum jedoch fälschlicherweise als Urwaldmammutbaum beschriftet, dabei hielt ich die Stadt für preußisch präzise. Als ich für ein Buch zu öffentlich sichtbaren Zahlen und Statistiken recherchiere stelle ich fest, dass Hannover wohl die einzige Stadt der Welt mit zwei Bevölkerungsuhren ist. Als ich das Überschreiten der 8-Milliarden-Marke sehen will, ist die Uhr am Stadion jedoch leider abgeschaltet. Die Keksstadt (auch Leibniz-Stadt genannt und so heißt auch ein Keks), die einem eigentlich nicht auf den Keks geht, manchmal jedoch schon.

❖❖ Hildesheim

Hildesheim galt einst mit reich geschmückten Hausfassaden als schönste Fachwerkstadt Europas (auch *Nürnberg des Nordens* genannt). Zu Ende des Zweiten Weltkrieges wurden bei einem Bombenangriff jedoch 90% der Altstadt zerstört. Weite Teile der Innenstadt sind seither von 1950er Jahre-Wiederaufbauarchitektur geprägt. Der einst historische Marktplatz machte lange einen unwirtlichen Eindruck. Doch in den 1980er Jahren wurde beschlossen, das Knochenhaueramtshaus, einst eines der größten Fachwerkgebäude Deutschlands, mit traditionellen Mitteln wiederaufzubauen. 1989 stand es wieder, und ich fuhr erstmals nach Hildesheim, um mir den neu gestalteten Marktplatz anzuschauen. Dort stellte sich heraus, dass die meisten anderen historischen Gebäude ebenfalls Rekonstruktionen sind, einschließlich der detaillierten Holzfassade des Wedekindhauses.

Knochenhaueramtshaus in Hildesheim

15

Rathaus und Tempelhaus waren im Krieg nur teilzerstört worden, erforderten aber ebenfalls Wiederaufbaumaßnahmen. Bei späteren Besuchen hatte ich Gelegenheit, die beeindruckenden romanischen Kirchen Hildesheims, die zum UNESCO-Kulturerbe gehören, von innen zu sehen, sowie das bis 2010 wieder aufgebaute Fachwerkhaus *umgestülpter Zuckerhut*. Bei einem Besuch des Opernhauses von Hildesheim im Herbst 2018 konnte ich zudem in der Hildesheimer Neustadt erhalten gebliebene Fachwerkstraßen begehen. Andererseits meinte ein Bekannter, mit dem ich unterwegs war, man müsse sich in Hildesheim erstmal durch ein baulich ödes Bahnhofsviertel kämpfen. Hier passt am ehesten noch die manchmal spaßeshalber benutzte Bezeichnung *Hildescrime*. Schade auch, dass der sehr schöne historische Bahnhof, der den Krieg fast unbeschädigt überstanden hatte, 1959 abgerissen wurde und durch einen gesichtslosen, aber funktionalen Bahnhof ersetzt wurde. Ein Beispiel, wie viel historische Substanz noch nach dem Kriege verloren ging. Gäbe es diesen Bahnhof noch, wären die Sehenswürdigkeiten konzentrierter, das Stadtbild geschlossener, könnte Hildesheim eine veritable Touristenstadt sein.

❖ ⊛ **Hameln**

Die Rattenfängerstadt Hameln mit ihrer Weserrenaissance-Architektur und ihrer Lage an mehreren Flüssen darf in einer Aufzählung der attraktivsten Städte Niedersachsens natürlich nicht fehlen. Es ist eine lebendige Mittelstadt mit belebter Fußgängerzone und Ausflugsschiffen auf der Weser. Der angenehm modernisierte Bahnhof ist allerdings einen Tick zu weit von der Innenstadt. Vielleicht liegt es daran, dass ich hier erst zweimal und nicht immer gleich begeistert war.

❖ ⊛Bückeburg

Bückeburg ist eine der sehenswertesten Kleinstädte Niedersachsens. Im Dezember 2012 mache ich auf dem Weg nach Berlin in Bückeburg Zwischenhalt, und als ich vom Bahnhof in die Stadt gehe, fällt mir erstmals der Glaswürfel des Hubschraubermuseums auf, das einzige allein diesem Luftverkehrsmittel gewidmete Museum Deutschlands. Schließlich komme ich an der Traditionsgaststätte *Zur Falle* vorbei. Der Heidedichter Hermann Löns, der in der Ruhe der Bückeburger Provinz an seinen Romanen schreiben wollte, redigierte hier seine Manuskripte. An dieser Gaststätte ist auch eine Gedenktafel angebracht, die darauf hinweist, dass dies das Stammhaus der Vorfahren des Dichters Heinrich Heine war und Heine im Jahr 1843 hier auch selbst verkehrte.

Bückeburg war einst Residenzstadt und hat noch heute innenstadtnah ein beeindruckendes Schloss, umgeben von einem schönen Schlosspark und Wassergräben.

Schlossareal von Bückeburg

17

❖ ⊛ Stadthagen

Nach Stadthagen fuhr ich einst wegen des schönen Bahnhofsgebäudes, welches ich im Internet gesehen hatte. Stadthagen verdankt das schöne weiße historistische Empfangsgebäude der Tatsache, dass es einst Residenzstadt war, was man dem Stadtbild noch heute ansieht. Neben dem repräsentativen Bahnhof hat die Mittelstadt auch ein Schloss und einen schönen Marktplatz mit reich verzierten Fachwerkhäusern, aber auch Sandsteinfassaden im Weser-renaissancestil. Etliche andere historische Gebäude, so die Alte Lateinschule, das Heimatmuseum oder der Landsberg-sche Hof, machen die Stadt sehenswert.

❖ Bad Pyrmont

Die Kurstadt Bad Pyrmont hatte einst europäisches Renommee. Hier gaben sich die Könige und Fürsten die Klinke in die Hand. Selbst der Zar reiste nach Bad Pyrmont. Die Exklusivität hat die Stadt lange verloren. Im Mai 2013 besuchte ich die Stadt und wunderte mich über den hässlichen modernen Bahnhof. Ein Taxifahrer meint, nichts geschähe, um dieses Entree zu verbessern und auch sonst ginge es eher bergab, viel Fachgeschäfte schlössen und alte einst treue Besucher kämen nicht mehr, es wäre nicht mehr ihr Pyrmont. Höhepunkte, die mir in Erinnerung blieben, waren der Brunnentempel, den *Hyllige Born,* mit der Wandelhalle und das Schloss mit Wassergraben.

❖ Nienburg

Nienburg ist eine solide Mittelstadt an der Weser und Sitz des gleichnamigen Kreises. Im Krieg kaum zerstört, blieb das historische Stadtbild, dem jedoch besondere Höhe-punkte fehlen, weitgehend erhalten. Darunter sind etliche historische Fachwerkhäuser, die gotische St. Martin Backsteinkirche und ein Rathaus mit Renaissance-Giebel.

Als ich im Sommer 2018 hier mit dem Zug ankomme, bin ich zunächst nicht besonders beeindruckt, denn das Bahnhofsgebäude ist irgendwie nichtssagend. Als eines der wenigen Gebäude war der alte Bahnhof der Stadt im Zweiten Weltkrieg zerstört worden. Er wurde in den 1950er Jahren in schlichter Architektursprache wiederaufgebaut.

❖ Alfeld

Alfeld ist für die 1910-1915 nach Entwürfen von Walter Gropius erbauten Faguswerke bekannt, ein richtungsweisender Bau der Moderne, der auf der UNESCO-Liste des Weltkulturerbes verzeichnet ist. Noch heute werden hier Schuhe produziert. Als ich Alfeld im Februar 2013 besuche, finde ich zudem eine überraschend attraktive historische Altstadt vor. Was die Idylle jedoch ein wenig beeinträchtigt ist eine große Papierfabrik in Altstadtnähe, deren rauchender Schornstein vom Stadtkern aus zu sehen ist.

❖ ⊛ Rinteln

Rinteln ist eine außerhalb Niedersachsens unbekannte, jedoch recht attraktive kleine Mittelstadt an der Weser. Wenn man in Südniedersachsen Taxifahrer nach der schönsten Stadt fragt, nennen sie oft Rinteln. Die Innenstadt blieb im Zweiten Weltkrieg unzerstört und bietet ein geschlossenes historisches Bild mit vielen Fachwerkhäusern und einem urigen Weserrenaissance-Rathaus. Im Februar 2013 bin ich bei einem Kurzbesuch von der Stadt ganz angetan. Allerdings musste ich vom Bahnhof kommend erstmal einen langen Fußmarsch durch mäßig attraktive Stadtviertel unternehmen, bis ich die Weser überquerend auf deren Südseite die attraktive Altstadt vorfinde.

❖ Wunstorf

Wunstorf ist eine angenehme Mittelstadt unweit von Hannover. Die Innenstadt eine Mischung aus historischer und moderner Architektur. Die Stadtkirche St. Bartholomaeus ist im Kern ein romanisches Gebäude aus dem 11. Jahrhundert. Im August 2012 begeistert mich jedoch vor allem der Ortsteil Steinhude am Steinhuder Meer.

Den spätsommerlichen Blick auf den Sonnenuntergang über dem See von einem Hotel direkt am Ufer vergaß man nicht so schnell. Steinhude ist ein gemütlicher Touristenort mit etlichen Fachwerkhäusern, dem urigen Scheunenviertel und einer angenehmen Promenade. Eindrucksvoll ist eine Fahrt mit einem historischen Segelschiff zur Insel Wilhelmstein.

Weitere Städte in den Top-100 Norddeutschlands

❖ Bad Salzdetfurth

Bad Salzdetfurth, der Name deutet es an, wurde einst durch die Steinsalzgewinnung wohlhabend. Später wurde der Kalibergbau bedeutender. Heute sind die beiden Wirtschaftssektoren erloschen. Nach dem Steinsalzabbau wurde 1992 auch das Kaliwerk stillgelegt. Seither sucht man als Bäderstadt ein neues wirtschaftliches Standbein. Als ich im Oktober 2021 in der Stadt bin, staune ich über die zahlreichen Fachwerkhäuser und beiden Seiten der Lamme, welche pittoresk durch das Stadtzentrum fließt. Ich besuche das Stadthistorische bzw. Salz- und Kalibergbaumuseum und informiere mich über die Wirtschaftsgeschichte der Stadt. Durch einen Park gehe ich zum zweiten Bahnhof der Stadt und dass die Stadt zwei Bahnstationen hat macht sie mir noch sympathischer. Ich nehme sie deshalb in die Liste der Top-100 Städte des Nordens auf.

Die Lamme im Zentrum

<u>Andere Orte</u>

Springe

Springe ist eine solide Mittelstadt am Fuße des Deister Höhenzuges. Als ich vom Bahnhof in die Stadt gehe komme ich an einem Brunnen vorbei, auf dem die Worte *Icme suyu yok* zu lesen sind. Das hatte ich zuvor noch nie gesehen. Als ich auf der anderen Seite die Lettern *Kein Trinkwasser* sehe, weiß ich, was diese türkischen Worte bedeuten. Offensichtlich hat die Stadt einen hohen Anteil türkischer Eltern, die nicht gut Deutsch sprechen und deren Kinder am Brunnen spielen und das Wasser trinken möchten. Später lese ich über Springe, dass es auf einem Hügel oberhalb der Stadt ein Glühlampendenkmal für den vermeintlichen Glühlampenerfinder Heinrich Göbel (1818-1893), der in Springe geboren wurde, gibt. Auch sein angebliches Geburtshaus gibt es in der Stadt. Nach heutigen Erkenntnissen kann Göbel die Erfindung der Glühlampe kaum zugesprochen werden. Manche Göbel-Legenden entstanden in der NS-Zeit und wurden in der Nachkriegszeit amerikafreundlich umgedeutet.

21

Bad Münder

Bad Münder ist eine kleine Kurstadt, die von Medizin-dienstleistungen lebt. Ihr Kernort ist von historischer Architektur mit vielen Fachwerkhäusern geprägt. Typisch für eine ordentliche historische Kleinstadt sind in der Fußgängerzone Bronzefiguren zu finden. Am Hoppenmarkt zum Beispiel eine Gänseliesel mit Schaf, Ziege und Schwan.

Diepholz

Diepholz ist eine Mischung aus alt und neu. Die Stadt hat sowohl ein neues Rathaus, in norddeutschem Backsteinstil aber mit auffälligem Uhr- und Glockenturm. Dann gibt es in der Fußgängerzone noch das sehenswerte historistische Alte Rathaus aus dem Jahre 1904. In einem von Wasser-gräben umgrenzten Park findet sich das Schloss Diepholz mit seinem auffälligen Turm, heute Sitz des Amtsgerichtes. Der Diepholzer Bahnhof hat ein 1872 errichtetes repräsentatives Empfangsgebäude im Stil des Historismus. Diepholz ist keine durchgehend schöne Stadt, doch attraktiv genug für einen kurzen Besuch.

Holzminden

In Holzminden sitzt der bedeutende Duftersteller Symrise und ein entsprechendes Produktionsgebäude sieht man unweit vom Bahnhof. Bei einem Besuch im Herbst 2021 finde ich etliche stattliche Gebäude und eine passable Fußgängerzone und das eine oder andere Fachwerkhaus in den Seitenstraßen. Eine pittoreske Fachwerkpuppenstube für Touristen ist Holzminden jedoch nicht. Ein romantisches Weserufer gibt es auch nicht. Ich stufe die Stadt in der Kategorie passabel ein, weder schön, noch hässlich aber nicht uninteressant.

Bodenwerder

Bodenwerder hat mich bei einem Besuch im November 2021 fast ein bisschen enttäuscht. Die Stadt liegt eigentlich schön an der Weser, doch die Altstadt ist recht klein und bietet trotz etlicher Fachwerkhäuser kein wirklich geschlossenes historisches Bild. Weil hier Freiherr von Münchhausen mehrere Jahre in seinem Herrenhaus lebte, nennt sich Bodenwerder Münchhausenstadt und im kleinen Park am Rande der Innenstadt sind etliche Szenen der Münchhausengeschichten als Plastiken dargestellt. Das ist recht nett, aber außer Münchhausen bietet die Stadt Touristen eher wenig.

Neustadt am Rübenberge

Es gibt viele Städte im deutschen Sprachraum, die Neustadt heißen. Deshalb ist ein Zusatz nötig, wie Neustadt an der Weinstraße oder Neustadt an der Waldnaab. Das niedersächsische Neustadt liegt jedoch an der Leine und das klingt nicht so gut. Deshalb hat man einen anderen Zusatz gewählt. Als ich auf einer Karte schaute, wo denn dieser Rübenberge wäre, entdeckte ich nur Flachland rund um Neustadt. Als ich im Oktober 2021 den Ort besuche, nehme ich mir vor die örtliche Bevölkerung über den Namenszusatz zu befragen. Doch keiner konnte mit Sicherheit sagen, was der Rübenberge sein sollte. Der Ortsname blieb rätselhaft.

Stadtoldendorf

Diese Stadt hat eine attraktive, bewegte Topografie und einen schönen historischen Bahnhof, der wie eine Marienburg in klein wirkt. Es gibt etliche Fachwerkhäuser, aber diese gruppieren sich nicht zu einer touristischen Idylle und etliche Verkaufsräume in der Altstadt stehen leer. Ich sehe bei meinem Besuch im Herbst 2021 eine Gedenktafel für den Schriftsteller Wilhelm Raabe, der hier zur Schule ging. Ansonsten fehlt es etwas in der Stadt an touristisch relevanten Anziehungspunkten.

Bad Nenndorf

In Bad Nenndorf finde ich bei meinem Besuch im Spätherbst 2021 nur wenig architektonisch ansprechende Gebäude. Die Hauptsehenswürdigkeit ist vielmehr die Süntelbuchenallee. Der Boden ist voller Laub und die Bäume wirken fast so, als wären sie darin halb versunken, durch den verzwirbelten Stamm und auch durch riesige, am Boden aufliegende Äste. Sehr beeindruckendes Baumwunder, vor allem im Herbst.

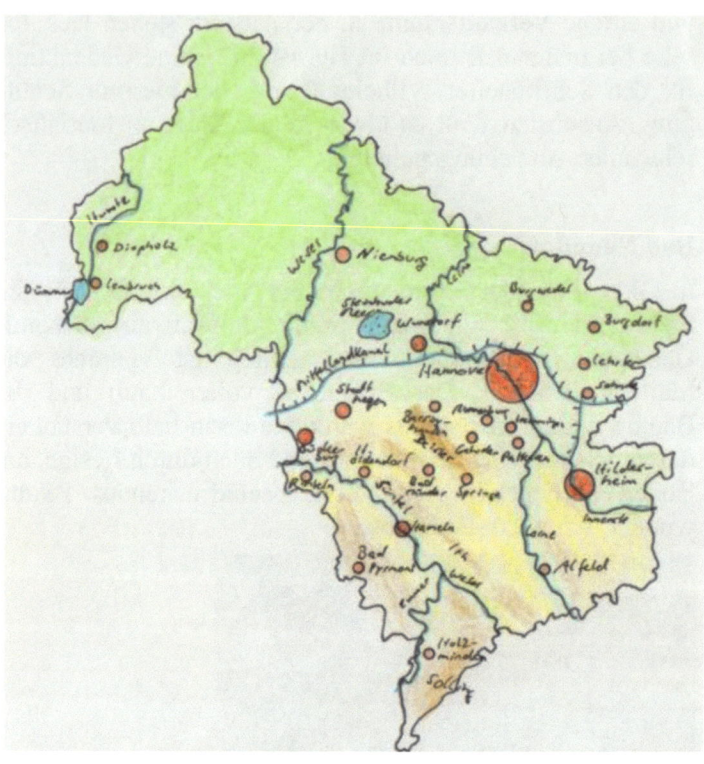

Besuchte Städte in der Region Hannover: 46 (alle)

<u>Top-100-Städte/Orte Norddeutschland in der Region</u>

(Top-10 Städte der Region fett):

Hannover, Hameln, Hildesheim, Bückeburg, Bad Pyrmont, Rinteln, Stadthagen, Nienburg, Alsfeld, Wunstorf, Bad Münder, Springe, Bad Salzdetfurth.

<u>Andere besuchte Städte</u> (in Klammern übrige Gemeinden)

Bad Nenndorf, Bassum, Bockenem, Bodenwerder, Burgwedel, Elze, Eschershausen, Garbsen, Hemmingen, Hessisch Oldendorf, Holz-minden, Hoya, Lehrte, Neustadt/Rübenberge, Obernkirchen, Pattensen, Rehburg-Loccum, Rodenberg, Sarstedt, Sachsenhagen, Seelze, Sehnde, Stadtoldendorf, Sulingen, Syke, Twistringen.

2.2 Ehemaliger Regierungsbezirk Braunschweig

Der ehemalige Bezirk Braunschweig ist reich an sehenswerten Städten. Braunschweig war einst ein Herzogtum, ein eigener Staat innerhalb des Deutschen Bundes. *Braunschweig, wärst du wasserreich, käm´ nicht ein Land dir gleich*, hieß es früher.

Als ehemalige Residenzstadt pflegt man noch heute die Rivalität zur Landeshauptstadt Hannover, auch im Fußball. Braunschweig ist im Stadtkern schöner, Hannover jedoch doppelt so groß und bedeutender. In dieser Region habe ich die Stadt Braunschweig am öftesten besucht (ca. 20x), gefolgt von Wolfsburg (10x), Goslar (5x), Göttingen (3x) und Wolfenbüttel (3x).

Die zehn Städte, welche mich am meisten beeindruckten:

❖❖ Braunschweig

Kommt man mit der Bahn an, ist der erste Eindruck von Braunschweig nicht besonders gut. Der 1950er Jahre-Bahnhof ist eher ungemütlich, ein nettes Café gibt es hier auch nicht. Vor dem Bahnhof ein leerer, fast öder Platz und eine breite Schneise, an deren westlichem Rand brutalistische Wohnhochhäuser stehen. Die im Krieg stark zerstörte, aber in Form von Traditionsinseln wieder aufgebaute Altstadt ist weit weg. Begibt man sich per Straßenbahn dorthin, ist man erst von der wieder aufgebauten Stadtschlossfassade überrascht, hinter der sich ein Einkaufszentrum verbirgt. Noch beeindruckender ist der historische Burgplatz. Aber es gibt weitere Highlights, wie das Herzog-Anton-Ulrich Museum, *Louvre des Nordens* genannt und älteste Gemäldegalerie Deutschlands. Bei meinem letzten Besuch im Dezember 2018 nehme ich mit Freunden nicht die Straßenbahn vom Bahnhof, sondern gehe zu Fuß am Dom- und Magnifriedhof vorbei. Dort treffen wir nicht nur

auf das Grab von Gotthold Ephraim Lessing, sondern finden noch andere Gräber von Schriftstellern wie Friedrich Gerstäcker und von Verlegern wie Johann Heinrich Campe, Friedrich Vieweg oder Georg Westermann (für mich als Geograph und Atlanten-Fan wichtig).
☞ Hannover und Braunschweig sind Rivalen, und das gilt auch für die Fußballclubs. Um den Namen des anderen Fußballclubs nicht aussprechen zu müssen, werden die Codes *Peine-Ost* für Braunschweig und *Peine-West* für Hannover genutzt.

❖❖ ⊛ Göttingen

Göttingen liegt mitten in Deutschland, aber ich war in der Stadt, die Wissen schafft, im 19. Jahrhundert eine Art Harvard Europas, erst ein halbes Dutzend Mal. Dabei handelt es sich um eine schöne, gut erhaltene historische Universitätsstadt. Allerdings steige ich hier öfter mal um, um südniedersächsische Städte wie Duderstadt zu besuchen. Am Bahnhof fällt die große Zahl abgestellter Fahrräder auf, eine Studentenstadt eben. Und seit kurzem gibt es am Bahnhofsplatz ein neues Denkmal für die Göttinger Sieben (sieben liberale Professoren, die im Jahre 1837 gegen die Änderung der Verfassung des Königreiches Hannover protestierten), allerdings ohne Bronzestatuen der Göttinger Sieben, aber zusätzlich mit dem Namen der Künstlerin Christiane Möbus im Sockelbereich. Wie alle guten Kunstwerke erst umstritten, aber unbestreitbar eine originelle Idee. Man spielt mit der Inschrift auch auf den hannöverschen Genitiv des Standbildes vor dem Hauptbahnhof Hannover an (*Dem Landesvater Seine Göttingen Sieben*).
In einem kleinen Park am Bahnhofsplatz findet sich zusätzlich ein Bronzedenkmal für Charlotte Müller, die bis ins hohe Alter hier Obst und Süßigkeiten verkaufte. Zeitweise war sie die älteste Straßenverkäuferin der Welt.

28

Endlich kam ich im September 2021 dazu, auch die mit ihren vielen Fachwerkstraßen pittoreske und in ihrer historischen Architektur und Straßenführung gut erhaltenen Göttinger Innenstadt zu besuchen. Nach dem Besuch kleinerer lebloser Orte bin ich von der Lebendigkeit und den Menschenmassen der Fußgängerzone regelrecht begeistert. Eine Idylle ist Göttingen aber nicht. Selbst in der Altstadt manches moderne Gebäude, so ein moderner schwarzer Klotz der Deutschen Bank und außerhalb fast brutalistische Unigebäude. Unweit vom Bahnhof an der vielbefahrenen Groner Landstraße ein Wohnblock und davor ein niedrigeres langgestrecktes Gebäude mit platten-bauartiger Architektur. Aus den Fenstern hängende Wäsche unterstreicht den Gettocharakter dieser Ecke. Am Beginn der Coronapandemie im Frühjahr 2020 wird der ganze Wohnblock, der sozialschwachen Bevölkerungsgruppen prekäre Wohnverhältnisse bietet, unter Quarantäne gesetzt.

Altstadt

29

❖⊛ Duderstadt

Der perfekte Erhaltungszustand der mittelalterlichen Fachwerkstadt Duderstadt hat mich gleich bei meinem ersten Besuch im Frühling 2002 geflasht. Besonders das vielgiebelige Rathaus mit seinen roten Fachwerkbalken fiel auf. Im Herbst 2019 war ich zum zweiten Mal dort. Leider war das Ottobock-Kunstmuseum zu. Der Besuch dieses Städte-Kleinodes hat sich dennoch gelohnt.

Rathaus von Duderstadt

❖❖ ⊛ Goslar

Goslar ist eine der wenigen UNESCO-Welterbestädte Deutschlands. Dazu gehört auch das interessante bergmännische Erbe der einstigen Silberbergbaustadt.
Goslar hat viele Fachwerkhäuser, teilweise mit Schieferdächern, einen sehenswerten Marktplatz und die beeindruckende romanische Kaiserpfalz. Ein Grund, Goslar zu besuchen, ist auch der jährlich an einen Künstler verliehene Kaiserring und die entsprechende Ausstellung im

Mönchehaus-Museum. Im Januar 2017 schaute ich mir dort die Ausstellung zu Isa Genzken an.

Obwohl in der Mitte Deutschlands gelegen, ist Goslar leider eine wirtschaftlich eher stagnierende und demographisch schrumpfende Stadt. Zeitweise hat man hier die Strategie verfolgt, mehr Flüchtlinge als andere Städte aufzunehmen. Auch wird die Stadt durch Eingemeindungen vergrößert. Als ich den alten Bahnhof der Stadt Vienenburg besichtige, stelle ich fest, dass diese nunmehr zu Goslar gehört.

❖❖ ✽ Wolfenbüttel

Als ich zum ersten Mal in die Lessingstadt Wolfenbüttel komme, wundere ich mich, wie gut erhalten diese Fachwerkstadt ist. Straßenzug um Straßenzug in beindruckender historischer Geschlossenheit. Ein Klein-Venedig gibt es auch, zudem die bedeutende Herzog-August Bibliothek, ein Schloss und das Lessing-Haus. Sogar einen Jägermeister-Flagship Store gibt es. Beim zweiten Besuch 2019 vermisse ich allerdings die Lebendigkeit einer größeren Metropole.

❖ ❖✽ Hannoversch Münden

Angeblich soll Alexander von Humboldt Hannoversch Münden einst zu den sieben schönst-gelegenen Städten gezählt haben. Von Passau wird das auch behauptet. Gelegentlich liest man das auch über Salzburg, Neapel und Rio. Mich interessierte, was nun die anderen am schönsten gelegenen Städte nach Humboldts Ansicht wohl waren und rufe bei der Humboldt Gesellschaft an, um das zu erfahren. Doch die können keinen Beleg für diesen Spruch finden. Wahrscheinlich wurde diese Aussage ihm nur in den Mund gelegt. Von wem, lässt sich nicht mehr genau verfolgen.

Hann. Münden liegt zweifellos schön zwischen den Hügeln des Kaufunger- und Reinhardswalds, dort, wo Werra und

Fulda zusammenfließen. Bei meinem letzten Besuch im Jahr 2018 gehe ich zum Weserstein, auf welchem geschrieben steht

Wo Werra sich und Fulda küssen
Sie ihre Namen büssen müssen
Und hier entsteht durch diesen Kuss
Deutsch bis zur Mündung der Weserfluss
(Hann. Münden 31. Juli 1899)

Hannoversch Münden ist ansonsten eine perfekt erhaltene Fachwerkstadt mit Weserrenaissance-Rathaus, dem Schloss und Gassen voller schiefwinkliger Häuser. Es ist allerdings auch eine Stadt mit schrumpfender Bevölkerung.

❖ ✿ Helmstedt

Zu Zeiten der deutschen Teilung war Helmstedt Grenzbahnhof zur DDR. Ende der 1980er Jahre war ich von Süddeutschland aus per Bahn auf dem Weg nach Berlin und legte in Helmstedt einen Zwischenhalt ein. Die Stadt gefiel mir besser, als erwartet. Nicht nur hatte sie viele Fachwerkhäuser, auch überraschende Gebäude wie das Juleum Novum der ehemaligen Universität. Im September 2014 war ich wieder hier, das Juleum beeindruckte immer noch, die gleiche Begeisterung wie beim ersten Mal wollte nicht aufkommen. Vielleicht hatte ich bereits zu viele Fachwerkstädte gesehen, und durch die Einheit war die Förderung der Zonenrandgebiete weggefallen, während östlich der einstigen Grenze mehr Geld in die Stadtsanierung floss.

Juleum in Helmstedt

32

❖ ⊛Einbeck

In Einbeck entwickelten sie im Mittelalter ein obergäriges transportfähiges Bier, das so gut ankam, dass es bis nach Italien exportiert wurde und die Stadt wohlhabend machte. Luther soll einst gesagt haben `Der beste Trank, den einer kennt wird Einbecker Bier genennt´. Den einstigen Reichtum der Stadt sieht man noch an den reich mit Schnitzereien und Bemalungen verzierten Fachwerk-häusern, vor allem am vieltürmigen Alten Rathaus. Lange war die Kernstadt von der Bahnstation des Ortsteils Salz-derhelden nur per Bus erreichbar. Mittlerweile wurde der Bahnanschluss wiederhergestellt und im September 2021 probierte ich diesen aus. Allerdings reichte es nur für einem sehr kurzen Aufenthalt in der Stadt.

Einbecks Fachwerkrathaus

❖ Königslutter

Im November 2012 bin ich in Königslutter. Die Stadt wirkt bei meinem Besuch recht leblos, stellt sich aber in ihrer historischen Anmutung als sehr gut erhalten und sehenswert dar. Besonders beeindruckend empfand ich den roma-nischen Kaiserdom und den Marktplatz mit dem Rathaus. Auffallend auch die uralte Kaiser-Lothar-Linde am Dom mit ihrem sehr breiten seltsam geformten Stamm.

❖ Northeim

Northeim ist ein Bahnknoten, und im Zweiten Weltkrieg wurde der Bahnhof durch Bombardierungen zerstört. Die Altstadt kam jedoch unbeschädigt durch den Krieg, verlor aber bei einer ersten Sanierung noch einige historische Gebäude. Bei einem Besuch im September 2021 bin ich über die vielen, teilweise reich verzierten Fachwerkhäuser vor allen der Breiten Straße überrascht. Am Markt drängt sich jedoch moderne Architektur an das alte Rathaus. Ein ganzes zentral gelegenes Innenstadtviertel scheint im Stil der 1970er Jahre bebaut, mit Wohnhochhäusern, einem Einkaufszentrum und einem Parkhaus. Hier wurden aber nur wenige historische Gebäude geopfert, vielmehr nutzte man die Grünflächen einer historischen Klosteranlage. Im Jahre 2009 zerstörte jedoch ein Großbrand 8 historische Gebäude der Stadt. Dennoch bleibt die erhaltene historische Bausubstanz der Altstadt, eine der größten Südniedersachsens, beeindruckend.

Fachwerkstraße in Northeim

❖ 🏭Wolfsburg

Im ICE auf dem Weg nach Berlin beeindruckt, wenn man aus dem Fenster schaut, das VW-Werk mit den vier Schornsteinen auf der anderen Seite des am Hauptbahnhof vorbeiführenden Mittellandkanals. Das Schicksal der Stadt ist stark mit dem Automobilkonzern verbunden. *Wenn VW hustet, hat Niedersachsen*, und erst recht Wolfsburg, *eine Grippe*. Als ein neues Golfmodell herauskam, nannte sich die Stadt auf Briefköpfen und Ortsschildern zeitweise Golfsburg. Der Mittellandkanal wird hier auch scherzhaft als Golfstrom bezeichnet. Der Autowitz *Herr schütze uns vor Regen und Wind und Autos, die aus... sind* macht ebenfalls nicht vor Wolfsburg halt. Über die Stadt selbst sind die Meinungen gespalten. Die einen finden sie furchtbar öde wegen ihrer 1950er Jahre Architektur. Andere finden zumindest die wenigen Highlights interessant, so das Zaha Hadid Phaeno-Museum am Bahnhof oder das Schloss in Alt-Wolfsburg. In der Vergangenheit machte allerdings die Bahn die Stadt und sich selbst zum Gespött, indem einfach immer wieder vergessen wurde, dort zu halten. Das ist mittlerweile besser geworden, und der Bahnhof selbst ist durch verschiedene Kunstwerke zu einer sehenswerten Destination geworden.

❖ ✿ Uslar

Uslar ist eine Kleinstadt mit sehr gepflegtem Zentrum, die ich im März 2015 besuche. Besonders das Ende der Langen Straße mit dem historischen Fachwerkrathaus mit dunklem Uhrturm wirkt als Ensemble atmosphärisch. An einem verwunschenen alten Bahnhof der Nebenstrecke hält allerdings nur alle 2 Stunden ein Zug.

❖ ✿ Bad Gandersheim

Im Februar 2013 besuche ich zum ersten Mal Bad Gandersheim. Der Ort blieb mir als klein, aber sehenswert in Erinnerung, mit vielen Fachwerkhäusern und der romanischen Stiftskirche. Eine der schönsten Kleinstädte im südlichen Niedersachsen. Offensichtlich ist dieses Schmuckstück selbst in Niedersachsen nicht sonderlich bekannt. Ein aus Lüneburg stammender Kollege hatte noch nie von dieser Stadt gehört, als ich ihm von meinem Besuch erzählte.

❖ ✿ Osterode

Osterode gehört nicht ganz zur ersten Riege der Harzrandstädte wie Goslar, Wernigerode und Quedlinburg, aber zumindest zur darauffolgenden Städtegruppe. Osterode ist eine im Krieg fast unzerstört gebliebene, kleine, etwas verschlafene Mittelstadt, die in den letzten Jahrzehnten stetig schrumpfte.

❖ ✿ Hardegsen

Hardegsens Altstadt liegt schön auf einem Landrücken und es gibt an der höchsten Stelle sogar eine mächtige Burg. Im September 2021 schaue ich mir diese kleine Stadt an und gehe in die Hinterstraße, wegen der atmosphärischen ein bisschen ans Elsass erinnernden Fachwerkhäuser auch *Klein-Frankreich* genannt. Es hängen gerade Plakate an den Häusern, die Bewohner sprechen sich gegen die Bebauung eines Grundstücks mit einem größeren Wohnblock aus. Als ich zur Hinterstraße gehe fotografiere ich ein Leintuch, das den 18. Geburtstag einer Stadtbewohnerin feiert. Eine Frau kommt mir entgegen und meint, fotografieren sie lieber den Stein hier, der ist original erhalten. Auf dem Stein ist eine alte Schrift zu lesen und die Frau geht in das alte Fachwerkhaus, an welchem er angebracht ist.

Ein Taxifahrer meint jedoch, in Hardegsen wäre früher mehr los gewesen. Damals hätten sie noch mehr aus dem Esel gemacht, dem Symboltier der Eselstadt Hardegsen.

Hinterstraße (`Klein-Frankreich´)

❖ Gifhorn

Im Mai 2013 bin ich in Gifhorn und staune nicht schlecht, was es hier alles zu sehen gibt. Nicht nur eine attraktive Altstadt mit schönen Fachwerkhäusern, so dem Alten Rathaus, sondern auch ein interessantes Schloss, ein Mühlenmuseum mit mehreren Windmühlen (Stadtslogan `Mühlenstadt in der Südheide´) und das seltsame mit Stilelementen von russischen Kirchen ausgestattete Kulturinstitut Brücke. Im Park zudem noch eine große russische Holzkirche.

Andere Orte

Salzgitter

Salzgitter war einst mit 224 km² eine der flächengrößten Städte Deutschlands. Nachdem viele kleinere Städte in den östlichen Bundesländern durch Eingemeindungen sehr flächengroß geworden sind, liegt Salzgitter heute nur noch an 67. Stelle. Salzgitter ist eine Neugründung aus dem Jahre 1942 und hat kein historisches Zentrum, jedoch viele Ortschaften und Stadtteile. Größter Stadtteil und eine Art Kernstadt ist Salzgitter Lebenstedt. Im Februar 2013 komme ich hier mit dem Zug an und finde eine Fußgängerzone und sogar einzelne Fachwerkhäuser im alten Dorfkern von Lebenstedt. Salzgitter hat in Niedersachsen den Ruf einer niedergehenden armen Industriestadt mit problematischer Sozialstruktur (`Salzghetto´), doch in Lebenstedt wirkt das Ambiente recht normal.

✿ Hornburg

Bis 2013 eigenständig gehört die Titularstadt Hornburg mittlerweile zur Gemeinde Schladen-Werla. Im Mai 2013 lasse ich mich von Schladen mit dem Taxi hierherbringen, denn Hornburg hat keinen Bahnanschluss. Ich bleibe nur kurz, sehe aber eine scheinbar in perfekter historischer Geschlossenheit erhaltene Fachwerkstadt, in der es auch noch eine Burg gibt. Läden und Leben scheint es in Hornburg aber nur wenig zu geben.

Clausthal-Zellerfeld

Clausthal-Zellerfeld liegt im Harz auf einer Höhe von über 500 m. Deshalb ist es hier immer ein Stück kälter als im Flachland. Die Studenten spotten über die Technische Universität, das wäre die einzige *mit zwei Wintersemestern,* und sie gaben der Stadt den Beinamen *Saukalt-Schnell-*

38

erkält. Man sagt aber auch, in Clausthal weint man zweimal, einmal, wenn man ankommt, und einmal, wenn man
wieder gehen muss. Die Stadt wirkt aufgeräumt und hat
Universität- und bergbaubezogene Sehenswürdigkeiten.

Bad Harzburg

Bad Harzburg war einst eine wichtige Kurstadt. Was noch
am prächtigen Empfangsgebäude des Bahnhofs deutlich
wird. Manche ehemalige Hotelgebäude zeigen aber auch,
dass die Stadt schon bessere Zeiten gesehen hat. Bisher war
ich nur kurz in der Stadt und meist nur in der Bahnhofs-
gegend. Man braucht aber Zeit, um die weitläufig verstreuten Sehenswürdigkeiten der Stadt würdigen zu können.

Schöningen

Im Krieg unzerstört geblieben, ist Schöningen eine in ihrer
historischen Architektur intakte Fachwerkstadt. Im September 2014 bin ich jedoch hier, um die futuristische
Architektur eines neuen Museums zu sehen, dem 2013
eröffneten Paläo, in welchem die 300 000 Jahre alten
Schöningen-Speere ausgestellt sind, die ältesten vollständig
erhaltenen Jagdwaffen, die jemals gefunden wurden. Leider
bleibt mir keine Zeit, die Stadt selbst zu besuchen.

Paläo

Bad Lauterberg (Harz)

Schön in einem Tal gelegene, lang gezogene Kurstadt mit einigen repräsentativen Kurgebäuden, einem Fachwerk-rathaus und eine von Fachwerkhäusern gesäumte Einkaufs-straße. Früher gab es in der Stadt sogar einen Fachwerk-bahnhof. Heute liegt die Bahnstation Barbis weit draußen vor der Stadt.

Herzberg

Kleinstadt mit beschaulichem Marktplatz, gesäumt von einzelnen, eher einfachen Fachwerkhäusern. Das auf einem Hügel thronende Schloss zeigt ebenfalls eine Fachwerk-fassade. Kommt man am Bahnhof an, überraschen die Texte in der Kunstsprache Esperanto. Herzberg nennt sich auch Esperanto-Stadt. Der örtliche Bahnhofsvorsteher Joachim Gießner war Förderer dieser Sprache und baute in der Stadt einen großen Esperanto Ortsverband auf.

Bad Sachsa

Gemütlicher Kurort mit belebter Hauptstraße, Kirchplatz und Stadtbach und etlichen Fachwerkhäusern. Am Stadtrand in den Hügeln stattliche Villen und Hotel-gebäude.

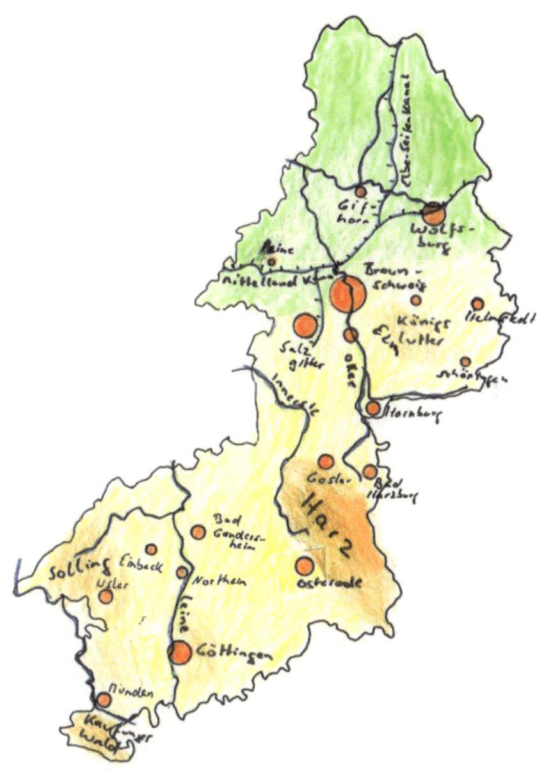

Besuchte Städte im ex-RB Braunschweig: 33 (alle)

Top- 100 Nord-Städte (Top 10 fett):

Braunschweig, Wolfenbüttel, Goslar, Göttingen, Duderstadt, Einbeck, Königslutter, Helmstedt, Hann. Münden, Northeim, Uslar, Osterode, Bad Gandersheim, Gifhorn, Hardegsen, Wolfsburg, Hornburg.

Andere Orte: Alfeld, Bad Harzburg, Bad Lauterberg, Bad Sachsa, Braunlage, Clausthal-Zellerfeld, Dassel, Dransfeld, Herzberg, Langelsheim, Moringen, Peine, Schöppingen, Salzgitter, Schöningen, Wittingen.

2.3 Ehemaliger Regierungsbezirk Lüneburg

Im ehemaligen, topographisch wenig bewegten Regierungs-bezirk gibt es keine Großstadt, doch eine ganze Reihe sehenswerter Mittelstädte. Dazu gehören Lüneburg und Celle, aber auch Stade und Buxtehude. Während in Celle und Uelzen noch zahlreiche Fachwerkhäuser zu sehen sind, überwiegen im Norden Putzfassaden und vor allem Backstein. Am häufigsten in dieser Region war ich in Lüneburg (5x), in Stade (4x) und in Celle (4x). In den anderen Orten war ich erst ein einziges Mal. Besonders beindruckt haben mich in dieser Region Lüneburg und auch Celle und Stade.

Die zehn Städte, welche mich am meisten beeindruckten:

❖❖ ⊛ Lüneburg

Wenn man vom Lüneburger Bahnhof kommt und Richtung Innenstadt geht, kommt es an der Ilmenau zum ersten Aha-Effekt. Man sieht den Alten Kran, die Abtsmühle und eine Altstadt-Häuserzeile am Fluss. Oh, das sieht aber großartig aus, denkt man. Geht man weiter Richtung Rathaus kommt man durch architektonisch überraschend vielfältige Straßen zum Marktplatz mit dem schönen Rathaus. Man schluss-folgert, dass die alte Salzstadt Lüneburg wirklich zu den schönsten norddeutschen Städten zählt. Schaut man genauer hin, zum Beispiel auf die Kanaldeckel, fällt auf, dass Lüneburg eine besondere Stadtmarke hat, welche die Buch-staben M, P, F kombiniert. Das steht für *Mons, Pons, Fons,* also Berg, Brücke und Quelle - die drei Ur-Siedlungen, aus denen Lüneburg gegründet wurde. Dann gibt es noch die Sage von den Jägern, die der Spur eines Wildschweins folgten. Diese Spur führte die Sümpfe der Ilmenau entlang. Doch plötzlich ging es seitwärts in eine trockenere hügeligere Gegend. Da sahen sie das Wildschwein schlafend liegen, und überraschenderweise hatte es schneeweiße Borsten. Sie erlegten das Wildschwein, und als sie sich die Borsten genauer anschauten, entdeckten sie die vielen Salzkörnchen. Als sie die Spuren zurückverfolgten, entdeckten sie einen Tümpel, in welchem das Wildschwein gesuhlt hatte. Das Wasser war sehr salzig, und so entdeckten sie eine Salzquelle, der Lüneburg seinen Wohlstand verdanken sollte. Das pittoreske Stadtbild hat es auch der Filmindustrie angetan. Die ARD-Seifenoper *Rote Rosen* spielt seit 2006 in Lüneburg. Entsprechende Außenaufnahmen haben zu einer Zunahme der Touristenzahl geführt. Auch wird die Universität ausgebaut, und die Studentenzahl steigt. Ein spektakuläres Zentralgebäude, entworfen von Daniel Libeskind, wurde 2017 eröffnet. Heinrich Heine meinte einst *Würde die Langeweile einen Geburtsort haben, dann wäre es Lüneburg*. Doch das gilt heute sicher nicht mehr.

❖❖ ⊛ Celle

Fast so großartig wie Lüneburg ist Celle. Statt Backstein gibt´s hier Fachwerk und zudem etwas, was Lüneburg nicht hat: ein Schloss mitten in der Stadt. Auch findet sich ein gutes Kunstmuseum, welches nachts durch Lichtkunst ebenfalls zur Attraktion wird. Es sieht sich dadurch als erstes 24-Stunden-Kunstmuseum der Welt. Leider war ich bisher nie spät genug in Celle, um das zu bewundern. Allerdings begrüßt einen bereits der Bahnhof mit Lichtkunst. In Celle finden auch immer wieder Arno Schmidt-Ausstellungen statt. Der in Hamburg geborene Schriftsteller Arno Schmidt (1914-1979) lebte von 1958 bis zu seinem Tod in dem kleinen Heidedorf Bargfeld bei Celle. Celle ist auf jeden Fall einen Besuch wert und kein Loch. Die Stadt ist jedoch mit dem Begriff *Celler Loch* verbunden. Das war ein vorgetäuschter Anschlag des niedersächsischen Verfassungsschutzes, es sollte wie eine RAF-Aktion aussehen, bei dem im Jahr 1978 ein Loch in die JVA Celle gesprengt wurde.

❖❖ ✵ Stade

Gerade frage ich mich, ob Wolfenbüttel oder Hildesheim in die Top-10 der Städte, die mich in diesen beiden Bundesländern am meisten beeindruckt haben, aufgenommen werden sollen, da fällt mir ein, ich habe Stade vergessen. Viermal war ich bereits in der Hansestadt und enttäuscht hat mich die historische Atmosphäre der Stadt mit den Cafés und Booten am alten Hansehafen nie. Ein Museum gibt´s hier auch und einen guten Buchladen. Eine Bekannte, mit der ich die Stadt im Jahr 2012 besuchte, meinte, `schau mal diese schönen Häuser hier´.

Stadthafen von Stade

❖ Buxtehude

Für einen Süddeutschen steht Buxtehude für einen weit entfernten und abgelegenen Ort. Die Hansestadt Buxtehude liegt jedoch unweit von Hamburg und ist Teil der Metropolregion. Auch ist es eine recht große Mittelstadt. Buxtehude hat ein weniger geschlossenes historisches Ortsbild als Stade oder Lüneburg. Im Stadtkern finden sich dennoch viele historische Bauten, oft ziegelsichtige Fachwerkhäuser. An der Westfleth ist eine fast geschlossene historische Bebauung erhalten. Im Sommer 2018 besuche ich Buxtehude und erwerbe in einem Buchladen ein Buch über die Stadt, in welchem auch die mit der Stadt verbundenen Märchen aufgezählt werden, so die Geschichte vom Wettlauf zwischen Hase und Igel (´mit dem Spruch `Ick bün all hier´) und wie es zur Redensart kam, dass *in Buxtehude die Hunde mit dem Schwanz bellen*. Buxtehude ist also auch eine Märchenstadt. Davon inspiriert auch der Stadtslogan `Schlau, wer schon hier ist´.

❖ Cuxhaven

Die große Mittelstadt Cuxhaven, im maritimen Slang auch Kabeljautown genannt, zeichnet sich weniger durch eine gemütliche hanseatische Altstadt aus als durch die Lage am Meer und die vielen, etwas über die Stadt verstreuten maritimen und nautischen Sehenswürdigkeiten. Zu den Natursehenswürdigkeiten gehören Wattflächen, eine Heidelandschaft und der einzige Wald in Deutschland, der direkt an der Nordsee liegt.

❖ Uelzen

Nicht ganz so pittoresk wie Lüneburg oder Celle hat Uelzen doch einen relativ großen, weitgehend historischen Altstadtkern mit vielen Fachwerkhäusern. Überregional bekannt ist Uelzen seit der Expo 2000 durch den Hundertwasserbahnhof, wilhelminische Bahnhofsarchitektur, die nach Hundertwasserplänen umgebaut wurde. Von großen Teilen der Bevölkerung geliebt, wirkt die Umgestaltung vielen Architekten wie ein der gradlinigen historischen Architektur aufgeschminktes Clownsgesicht. Als ich den Bahnhof kurz nach dem Jahr 2000 besuche, finde ich die Umgestaltung zwar interessant, innen überzeugt sie mich jedoch nicht.

❖ ⊛ Worpswede

Worpswede im Teufelsmoor bei Bremen hat nicht den Status einer Stadt, aber immerhin über 9000 Einwohner und ist die wohl bekannteste Künstlerkolonie in Norddeutschland. Diese entstand Ende des 19. Jahrhunderts und schloss Künstler des Impressionismus, des Jugendstils und des Expressionismus ein, wie etwa Fritz Overbeck, Heinrich Vogeler, Otto Modersohn und Paula Modersohn-Becker.

Im August 2012 komme ich hier mit einem alten Schienenbus, dem Moor-Express, der in den Sommermonaten vom Bremer Hauptbahnhof nach Worpswede fährt, am Jugendstilbahnhof des Ortes an. In Worpswede sehe ich nur einzelne der auf weitläufigem Gelände verteilten Gebäude, so einen expressionistischen Backsteinkomplex mit dem Kaffee Worpswede, das Jugendstilgebäude Barkenhof und die Worpsweder Kunsthalle. Bisher habe ich es leider nicht geschafft, nochmal hierher zu kommen.

❖ Verden an der Aller

Verden hat eine recht hübsche, im Krieg unzerstört gebliebene Altstadt, mit vielen Fachwerkhäusern und einem Dom, dessen romanischer Kirchturm zu den ältesten Norddeutschlands gehört. Im Mai 2013 bin ich hier viel zu kurz, um die architektonischen Sehenswürdigkeiten der Stadt genauer besichtigen zu können.

❖ ⊛ Dannenberg

Im Juni 2015 bin ich in der hübschen Stadt Dannenberg und komme an einem weiß gestrichenen historischen Bahnhof an, welcher die Form einer Dampflokomotive hat. Dannenberg ist Endpunkt einer von Lübeck ausgehenden Bahnlinie. Dannenberg hat gemütliche, atmosphärische Straßen mit etlichen Fachwerkhäusern, teilweise mit backsteinsichtigen Fassaden.

Bahnhof Dannenberg

❖ ⊛ Hitzacker

Im Juni 2015 reiste ich nach Hitzacker, was sich als kleine, aber unglaublich pittoreske Fachwerkstadt herausstellte. Kleine Häuser, einfache Fachwerk-Backstein-Fassaden, aber unterschiedlich bemalt manchmal ziegelsichtig, was einen bunten fröhlichen Gesamteindruck ergab. An einem Haus war zu lesen: *Nutze die Zeit, denn kurz ist es bis zur Ewigkeit* (anno 1718). Ich konnte auch in den Elbwiesen spazieren und erinnerte mich, dass die Medien bei Elbhochwasser immer wieder von Überschwemmungen in Hitzacker, was ja direkt an der Elbe liegt, berichtet hatten.

Weitere Städte in den Top-100 Norddeutschlands

❖ ⚙ Lüchow

Im Juni 2015 bin ich in der überraschend hübschen und gut erhaltenen Fachwerkstadt Lüchow, schaue mir das Rolling Stones-Museum an und bewundere bei strahlendem Sommerwetter den historischen Ratskeller und etliche atmosphärische Gassen.

❖ ⚙ Otterndorf

Otterndorf hat pittoreske Altstadtpartien mit sehr spitz-giebeligen Backsteinhäusern, teilweise mit hellem Fach-werk. Darunter das ehemalige Wohnhaus des deutschen Dichters Johann Heinrich Voß (1751-1826). Daneben gibt es interessante historische Speichergebäude und Barockhäuser, einen Hafen und einen kleinen Fluss am Rande der Innenstadt.

❖ Walsrode

Für zwei Dinge ist das am Rande der Lüneburger Heide gelegene Walsrode bekannt. Für den größten Vogelpark der Welt und für den Heidedichter Hermann Löns. Im Juni 2019 besuche ich Walsrode und sehe gleich am Bahnhof eine Vogelfigur. Die Innenstadt überraschend attraktiv mit behaglichem historischem Kirchplatz.

Andere Orte

Winsen an der Luhe

Winsen an der Luhe ist eine lebendige aber mäßig atmosphärische Mittelstadt. Immerhin gibt es hier ein Schloss mit einem kleinen Teich davor, ein beeindruckendes langgezogenes Marstallgebäude und viele ältere Backsteingebäude, teilweise mit Fachwerk. Überrascht hat mich Winsen bei einem Besuch im Januar 2022 mit dem Eckermann-Denkmal, das mich daran erinnerte, dass der deutsche Schriftsteller und enger Vertrauter Goethes Johann Peter Eckermann (1792-1854) in Winsen/Luhe geboren wurde.

Hemmoor

Zu Hemmoor gehört die Gemeinde Osten an der Oste. Diese verfügt über ein Verkehrsmittel, welches es heute nur noch in 8 Orten auf der Welt gibt, in Deutschland nur in 2 Orten: eine Schwebefähre. Deshalb bin ich im Sommer 2012 vom Bahnhof bis hierhergelaufen und schaue dabei auch noch das Schwebefährenmuseum an.

Schwebefähre

Osten

Buchholz

Im Juni 2019 komme ich mit der Bahn in Buchholz an, sehe aber außer dem Bahnhof nicht viel, denn gleich geht es mit dem Taxi nach Jesteburg, wo die expressionistisch-esoterische Kunststätte Bossard (der Schweizer Künstler Johann Michael Bossard, 1874-1950, lebte hier mit seiner Frau Jutta Kroll-Bossard, 1903-1996) besichtigt werden will, eines der beeindruckendsten Gesamtkunstwerke Norddeutschlands.

Bad Bevensen

Die freundliche, kompakte Altstadt und die Kurparks an der Ilmenau machen Bad Bevensen zu einer entspannten und behaglichen Stadt. Die Stadt ist von Backstein und gelegentlichem Fachwerk geprägt, besonders die historische Ratsapotheke fällt unter den Fachwerkgebäuden auf. Bei einem Besuch im Herbst 2021 schien mir die Stadt reich an Denkmälern zu sein, welche an bestimmte historische Ereignisse erinnern., wie Schillers 100. Geburtstag das Langensalza-Denkmal (1866), den Deutsch-Französischen Krieg (1870/71)

 Pastorenweg

50

Besuchte Städte RB Lüneburg: 32 (alle)

(andere Gemeinden in Klammern)

Top-100-Städte/Orte Norddeutschland in der Region

(Top-10 Städte der Region fett):

Lüneburg, Celle, Stade, Buxtehude, Cuxhaven, Uelzen, Worpswede, Dannenberg, Verden, Hitzacker, Lüchow, Otterndorf, Soltau, Schneverdingen.

Andere besuchte Orte:

Achim, Bad Fallingbostel, Bad Bevensen, Bergen, Bleckede, Bremervörde, Buchholz, Geestland, Hemmoor, Munster, Osterholz-Scharmbeck, Rotenburg, Schnackenburg, (Rosengarten), Visselhövede, Winsen/Luhe, Wüstrow, Zeven.

2.4 Ehemaliger Regierungsbezirk Weser-Ems

Im ehemaligen Bezirk Weser-Ems gibt es zwei kleinere Großstädte, Oldenburg und Osnabrück, mit ähnlicher Bevölkerungszahl, aber ganz unterschiedlichem Charakter. Osnabrück ist katholisch und in seinem Charakter westfälisch, Oldenburg ist eine ehemalige Residenzstadt mit barock überformten norddeutschem Charakter. Daneben gibt es entlang der Ems noch eine Reihe sehenswerter Mittelstädte wie Leer, Papenburg und Lingen. Die Küstenstädte Emden und Wilhelmshaven sind im Krieg stark zerstört worden. Ihnen fehlt es heute an historischem Ambiente. Mehr Atmosphäre haben ostfriesische Binnenstädte wie Aurich, Esens oder Wittmund.

❖❖ Osnabrück

Die Innenstadt Osnabrücks wurde im Krieg stark zerstört. So ist denn auch der erste Eindruck, wenn man vom seltsamen Turmbahnhof mit seinen zwei Ebenen kommt, nicht so großartig. Der Sänger Heinz Rudolf Kunze nannte Osnabrück `die Stadt mit dem gewissen Nichts´. Die Einheimischen, oft aber auch nur die Spieler des VFL Osnabrück, werden auch Osnasen genannt.

Kämpft man sich durch die eher nichtssagende Fußgängerzone zum Domplatz durch und geht von dort zum historischen Rathaus, findet man die Stadt plötzlich doch sehenswert. Dabei kommt man auch am Erich-Maria-Remarque-Friedenszentrum vorbei. Der Schriftsteller (größter Erfolg `Im Westen nichts Neues´, 1928) wurde 1898 in Osnabrück geboren. Was mich jedoch am meisten beeindruckt hat, ist das Felix-Nussbaum-Haus, ein beklemmendes Museum für den in der Nazizeit ermordeten, expressionistischen jüdischen Maler. Bei meinen letzten Besuchen spazierte ich auf einem neu errichteten Fußgängersteg die Hase entlang zum Bahnhof. Dort sieht man Busse mit dem Ziel Wüste, ein Stadtteil westlich der Innenstadt. Im katholischen Osnabrück, aus der Stadt stammt der ehemalige Bundespräsident Wulff, wähnt man sich fast schon in Westfalen. Der Westfälische Frieden wurde denn auch in Münster und Osnabrück unterzeichnet. Spötter meinen, Osnabrück (`Osnabrooklyn´) verbände das beste beider Welten, die hässliche Architektur Westfalens mit der (bescheidenen) Küche Niedersachsens.

☞In den 1990er Jahren kam das Lied `Ich fand das ganz große Glück mit dir im Zug nach Osnabrück´ von *Cliff und Rexonah* heraus. Im Jahr 2008 wurde es bei Living Voice-Osnabrück als Stadthymne rauf und runter gesungen.

Einer meiner Lieblingsspaziergänge in Osnabrück: vom Bahnhofsviertel auf den neu angelegten Fußgängerbrücken am Ufer der bis 2016 freigelegten Hase entlang in die Innenstadt zu gehen. Schattig, grün und mit interessanten Blicken auf die Hase und auf Hinterhöfe.

Hase-Weg

❖❖ ⊛ Oldenburg

Oldenburg war einst die Hauptstadt von Oldenburg, bis 1871 ein Großherzogtum und bis 1933 ein eigenständiges Territorium in Deutschland. Das Schloss und ein repräsentatives Staatstheater zeigen noch heute die einstige Rolle als Residenzstadt. Oldenburg hat zudem ein weitgehend geschlossenes historisches Stadtbild. Kriegszerstörungen gab es praktisch nicht. Die einstige Bedeutung zeigt sich auch an den vielen Kunstmuseen, einige davon im Schloss beheimatet. Ich besuche im Januar 2017 die Stadt, um alle Kunstmuseen abzuklappern. Seit 2000 gibt es in Oldenburg ein Museum für den in Hamburg geborenen Künstler Horst Janssen (1919-1995), der seine Jugend in Oldenburg verbrachte. Das Museum ist ok, aber die Bilder Janssens sind nicht so mein Fall. Dachte ich zumindest, bis ich an eine Zeichnung komme, deren spiralförmiges Muster mich völlig in ihren Bann zieht.

Aufgrund der Lebensqualität sagt man über Oldenburg auch, wer hier mal angekommen ist, wolle nie wieder weg. Oldenburg gilt zudem als Kompromiss zwischen Landleben und Großstadt. Die Großstadtambitionen sublimiert man, zum Beispiel durch den scherzhaften Beinamen Olden-bronx. Und wer hier mit dem Zug ankommt, findet eine schöne `Klinkerburg´ als Bahnhofsgebäude vor. Was Oldenburg allerdings ein bisschen fehlt, ist großstädtische Dynamik und ein großes Hinterland. Bremen ist doch zu nahe und seit in Niedersachsen die Regierungsbezirke abgeschafft wurden, ist man nicht mal mehr Hauptstadt eines solchen. Dafür ist Oldenburg jedoch Grünkohl-hauptstadt (bzw. Kohltourhauptstadt) und mittlerweile hat man, was die Einwohnerzahl betrifft, Osnabrück überholt.

Schlossplatz Oldenburg mit Lambertikirche und Wache

❖ Aurich

Aurich ist die nach Emden zweitgrößte Stadt (42 000 Einwohner) Ostfrieslands. Während Emden eher dem Meer zugewandt ist und immer ein gewisses Eigenleben führte, gilt das zentraler gelegene Aurich, einst Residenzstadt der ostfriesischen Fürsten, als *heimliche Hauptstadt Ostfrieslands*. Weil hier zahlreiche Behörden sitzen, wurde die Stadt einst auch *Schreibtisch Ostfrieslands* genannt.

Verwaltungsgebäude Kommunalverband Ostfriesische Landschaft

Verkehrlich ist Aurich jedoch deutlich schlechter angebunden als Emden. Einen Seehafen gibt es nicht und nicht mal einen Bahnhof. Deshalb schaffte ich es erst im August 2021, Aurich zu besuchen. Und ich war positiv überrascht. Eine angenehme Fußgängerzone, ein großer Marktplatz, interessante Seitenstraßen. Sogar ein Schloss gibt es. Auch das Neo-Renaissance-Gebäude des Kommunalverbandes Ostfriesische Landschaft ist sehenswert. Im Boden vor dem Gebäude eingelassen das Wort *Auerk*, so heißt die Stadt auf Friesisch. Auf dem Marktplatz eine Metallskulptur des Würseler Künstlers Albert Sous (*1935). Der 25 m hohe Sous-Turm wird von der Bevölkerung auch *Auricher Tauchsieder* genannt.

Die Auricher Wirtschaft hat sich in den letzten Jahrzehnten dynamisch entwickelt. Vor allem der größte deutsche Windenergieanlagenbauer Enercon ist dabei stark gewachsen. Er zählt heute in Aurich über 2000 Beschäftigte. Dass es in der Stadt nicht an Geld fehlt, sehe ich auch an der gehobenen Wohnanlage am Schlosspark, die während meines Besuches gerade im Bau ist. Als ich mit dem Bus wieder nach Leer abreise, merke ich wieder, dass ein Bahnhof eigentlich das Einzige ist, was mir hier fehlt.

❖ ⚙ Leer

In Aurich ist es schaurich, in Leer noch viel mehr …
Schon in den früher 1980er Jahren kam ich auf einer Interrailtour auf dem Weg in die Niederlande durch Leer. Damals war ich schockiert über den schlechten Zustand der Bahnhofstoiletten. Später erfuhr ich, dass wegen der aus den Niederlanden hereinschwappenden Drogenszene zeitweise Kaffeelöffel im Bahnhofsbistro ein Loch hatten, damit Junkies sie nicht zum Heroinaufkochen benutzen konnten. Abgesehen davon ist Leer jedoch eine sehenswerte Stadt. Mit seiner lebendigen Backsteininnenstadt, den atmosphärisch rot gepflasterten Straßen, dem imposanten Renaissance-Rathaus und dem Stadthafen ist es die vielleicht schönste Stadt Ostfrieslands.

❖ Norden

Die zweitschönste ostfriesische Stadt ist vielleicht Norden mit seiner langen Fußgängerstraße, dem Marktplatz mit den urigen Renaissance-Backsteinhäusern *Dree Süsters* (drei Schwestern), dem Alten Rathaus mit Heimatmuseum und einem Teemuseum und etlichen anderen sehenswerten Bauwerken, darunter die Ludgeri-Kirche, auch verschiedene Windmühlen. Das Doornkaat-Spirituoisen-Denkmal am Ortseingang ist jedoch etwas strange.

❖ ⊛ Lingen

Bei Lingen, der größten Stadt des Emslandes, muss ich immer an den deutsch-österreichischen Schauspieler Theo Lingen (1903-1978) denken, der als Theodor Schmitz in Hannover geboren wurde, aber sich bei seinem Künstlernamen durch den Geburtsort seines Vaters inspirieren ließ. Der Platz vor der Bahnhofsunterführung ist nach ihm benannt. Im April 2021 besuchte ich Lingen zum zweiten Mal. Ich bin positiv überrascht von dieser architektonisch intakten Mittelstadt mit ihrem großen, in seiner historischen Architektur weitgehend erhaltenen Marktplatz ohne die brutalistischen Kaufhaus- und Sparkassen-Bausünden anderer Mittelstädte. Am Marktplatz ein auffälliges Rathaus mit weißer Putzfassade und Treppengiebel und die Alte Posthalterei, ein Fachwerkhaus aus dem Jahre 1653, heute Gaststätte. Sonst gibt es eher wenige Fachwerkhäuser in der Stadt, aber in der Burgstraße, neben anderen schönen Gebäuden, ein beeindruckendes im ostniedersächsischen Stil mit verzierter Fassade. Was in Lingen lediglich fehlt, ist eine bedeutende historische Kirche und ein Fluss im Innenstadtbereich. Es heißt zwar Lingen an der Ems, aber die Ems liegt außerhalb der Innenstadt. Dichter an der Altstadt der Dortmund-Ems-Kanal, aber dessen Ufer sind teilweise industriell geprägt. Hinter dem schönen Bahnhofsgebäude eine großes ehemaliges Bundesbahnausbesserungswerk. Dort ist heute ein Campus der Hochschule Osnabrück untergebracht, mit etwa 2300 Studenten. Auf dem Dach der Hallen Lettern wie *Wirtschaft, Medien, Kunst* etc. Der Campus hat junges Leben in die Stadt gebracht.

❖ Nordhorn

Im Jahre 1974 wurde die Bahnlinie von Bad Bentheim nach Neuenhaus für den Personenverkehr stillgelegt. Dadurch wurde Nordhorn (heute 54 000 Einwohner) zu einer der größten deutschen Städte ohne Bahnanschluss. Einer der Gründe, weshalb ich die Stadt nie besuchte. Nach 45 Jahren wurde im Sommer 2019 die Bahn wieder in Betrieb genommen. Im April 2021 kam ich endlich dazu, nach Nordhorn zu reisen. Dort angekommen, befand sich das alte entkernte Bahngebäude gerade noch im Umbau. Zu Fuß ging ich in die Innenstadt, einer behaglichen Mischung aus alt und neu, jedoch ohne architektonische Höhepunkte. Das älteste Gebäude der Stadt ist die Marktkirche aus dem 15. Jahrhundert. Um die Marktkirche jedoch kaum alte Bebauung, obwohl die Stadt im Krieg nicht zerstört wurde. Immerhin gibt es Zeugnisse der Textilindustrievergangenheit, so den Povelturm. Als ich in der Innenstadt herumlaufe, fällt mir auf, wie viel Wasser es hier gibt: der Vechtefluss, einen Arm der Vechte, der Vechtesee, einen Verbindungskanal und der Nordhorn-Almelo-Kanal. Nordhorn nennt sich auch *Wasserstadt*. Hier kann man wunderbar am Wasser entlang um die Innenstadt flanieren. In der Innenstadt viele ruhige, angenehme Wohngebiete. Nordhorn ist dadurch ein bisschen anders als die meisten deutschen Mittelstädte.

❖ Meppen

In der Mittelstadt Meppen (35 000 Einwohner) übernachtete ich einmal, um die Transrapidteststrecke bei Lathen zu besuchen. Das ist schon mehr als ein Vierteljahrhundert her. Im April 2021 kam ich endlich wieder in die Stadt. Ein Taxifahrer bezeichnet sie als verschlafen und stagnierend, die Altstadt durch ein Einkaufszentrum geschwächt. Lingen würde sich besser entwickeln. So hatte ich nicht viel erwartet. Aber das Bahnhofsgebäude erweist sich als passabel, der Busbahnhof modern und die Innenstadt nicht weit. Auf dem Weg fällt mir ein vom Backsteinexpressionisten Fritz Höger (Chilehaus, 1877-1949) in der NS-Zeit entworfenes und entsprechend beklemmendes Polizeigebäude auf. Dann komme ich am kritisierten Einkaufszentrum vorbei, das einen Diamant darstellen soll und dessen Rückseite an einen Hase-Altarm grenzt. Kurz darauf sieht man den Fluss Hase und dessen Einmündung in die Ems und die sich der Hase entlangziehenden alten Wallanlagen sowie eine Windmühle. In der Fußgängerzone mit ihrem behaglichen roten Klinkerpflaster angekommen hat man einen überraschend pittoresken Blick auf das freistehende Rathaus aus dem 15. Jahrhundert mit seinem Feldsteinsockel und dem interessanten Treppengiebel. Im Hintergrund die in auffälligen Farben bemalte Gymnasialkirche der Jesuiten. Daneben die Residenz, Sitz des Windthorst-Gymnasiums mit Windthorst-Statue davor. Schließlich gehe ich noch zur spätgotischen Probsteikirche St. Vitus und bewundere ihren interessanten Turm. Meppen hat also doch einiges an Sehenswürdigkeiten zu bieten.

☞ Einst hatte Meppen einen Zweitligaverein. Als dem 1. FC Köln der Abstieg drohte, sagte dessen Torwart Toni Schumacher `Ich spiel doch nicht in Meppen´ (was in der ersten Liga als Inbegriff eines Provinznestes galt).

❖ **Quakenbrück**

Quakenbrück ist eine der schönsten Kleinstädte im westlichen Niedersachsen. In der Altstadt zahlreiche Fachwerkhäuser und ein historischer Rathausbau. Es überwiegen weiße Fassaden, die Straßen sind mit Ziegelsteinen rot gepflastert, was zur freundlichen Atmosphäre des Ortes beiträgt. Quakenbrück liegt an der wenig befahrenen Bahnlinie Oldenburg-Osnabrück, hat aber einen für eine Kleinstadt recht großen Bahnhof, der früher sogar Hauptbahnhof genannt wurde. Als ich im Mai 2013 die Stadt besuche, ist das Empfangsgebäude des Bahnhofs verwahrlost, eingeschlagene Fenster sind zu sehen. Im Jahr 2014 wurde es jedoch saniert und für eine Büronutzung umgebaut.

❖ Jever

Jever ist, vor allem im Norden Deutschlands für die gleichnamige Biermarke bekannt. Jever ist ansonsten eine hübsche Kleinstadt (15 000 Einwohner), die durch das Renaissanceschloss im Stadtzentrum jedoch über vergleichbare Orte hinausragt. Bei meinem Besuch im August 2021 schaffe ich es leider nicht, die modernen Gartürme der Friesischen Brauhaus zu Jever zu besichtigen.

Schloss Jever

Weitere Städte in den Top-100 Norddeutschlands

❖ Emden

Emden ist als Hafenstadt im Krieg stark zerstört worden und in einfacher, nicht unbedingt hässlicher Backsteinarchitektur wiederaufgebaut worden. Eine Ausnahme ist der brutalistische Klotz des Bahnhofs. Max Goldt meinte einmal, *der Hauptbahnhof von Emden braucht sich vor den Hauptbahnhöfen anderer Städte nicht zu verstecken. Schön, wenn er es trotzdem täte.* Seine einstige Bedeutung als eine Art Hauptstadt des Protestantismus, *Genf des Nordens* genannt, sieht man der Stadt nicht mehr an. In den Nachkriegsjahrzehnten war Emden lange eine graue Maus ohne Sehenswürdigkeiten. Im Herbst 1986 wurde jedoch die Kunsthalle Emden mit ihrem Schwerpunkt auf Neuer Sachlichkeit und Expressionismus eröffnet, gestiftet durch den langjährigen Stern-Chefredakteur Henri Nannen (1913-1996). Ein Jahr später kam eine weitere Sehenswürdigkeit hinzu. Otto Waalkes, 1948 im Emdener Arbeiter-Stadtteil Transvaal geboren, eröffnete das Otto Hus, halb Otto-Museum, halb Otto Shop. 1995 wurde schließlich die Johannes a Lasco-Bibliothek in den umgebauten Ruinen einer 1943 zerstörten Kirche eröffnet. Im Mai desselben Jahres wurde zudem in einem Hochbunker in der Emdener Innenstadt ein Bunkermuseum eingerichtet. Innerhalb von 10 Jahren waren also in Emden etliche Sehenswürdigkeiten hinzugekommen. Seither ist es, was neue Attraktionen betrifft, zwar etwas ruhiger geworden, aber die Kunsthalle ist mehrfach erweitert worden. Auch eine Otto-Ampel, die Ottifanten und Ottos typischen Gang zeigt, gibt es mittlerweile. Bei meinem letzten Besuch im März 2020 stelle ich zudem fest, dass in der Innenstadt, der es an attraktiven Einkaufsmöglichkeiten fehlt, mit dem Bau der Neutor-Arkaden begonnen wurde. Diese sollen im zweiten Quartal 2021 eröffnet werden. Slogan der Hafenstadt übrigens *das Meer am Leben*.

❖ Esens

Esens ist eine kleine friesische Stadt (7000 Einwohner), deren Kern nur wenige Kilometer vom Wattenmeer entfernt liegt. Esens ist der wichtigste Ort des Harlingerlandes und Endstation der Eisenbahn, von hier geht es mit dem Bus weiter. Die Innenstadt ist klein und hat eigentlich keine wirklich architektonisch bedeutenden Bauwerke. Doch an sehr vielen Häusern der Innenstadt sind Tafeln angebracht, die deren Geschichte aufzeigen. Auch sind recht viele Skulpturen zu sehen. Die Fußgängerzone, bei ihrer Eröffnung 1974 war sie die erste in Ostfriesland, ist angenehm und abwechslungsreich gepflastert und man findet in ihr irgendwie keine Bausünden. Man hat den Eindruck, die Stadt macht etwas aus sich, ist gut saniert (1984 erhielt sie einen Preis für erfolgreiche Stadtsanierung) und fühlt sich hier gut aufgehoben. Der Bär ist Wappentier der Stadt und die vielen Bärenskulpturen erinnern ein bisschen an das viel größere Berlin. Nur der Bahnhof ist mickrig und die Schienen enden stumpf, man befindet sich quasi am Ende des Bahnnetzes.

❖ Papenburg

Mit Papenburg assoziiert man die weit im Binnenland gelegene Meyer-Werft, die heute vor allem Kreuzfahrtschiffe baut und für die die Ems immer wieder vertieft werden muss. Die Innenstadt selbst liegt gar nicht an der Ems, ist jedoch durch einen Hauptkanal geprägt. Papenburg geht auf die älteste und längste deutsche Fehn-Kolonie, also auf die Kolonisierung eines Moores, zurück. Mit Kanälen und Klappbrücken erinnert Papenburg an eine niederländische Stadt und wird auch Venedig des Nordens genannt. Im Winter 2015 komme ich in Papenburg mit dem Zug an, spaziere den Hauptkanal entlang und bewundere ein dort vertäutes riesiges historisches Segelschiff, das zur besonderen Atmosphäre der Stadt beiträgt. Auffallend auch das große neobarocke Backsteinrathaus. Alle Sehenswürdigkeiten scheinen sich um den Hauptkanal zu finden.

❖ Delmenhorst

Delmenhorst ist eine sehr nahe an Bremen gelegene (Slogan übrigens *Delmenhorst verbindet*) ehemalige Textilstadt (Nordwolle) mit Strukturwandelproblemen. Delmenhorst gilt als recht arm. Sie gehört zu den kreisfreien Städten Deutschlands mit der niedrigsten Wirtschaftsleistung pro Kopf der Bevölkerung. Dazu trägt jedoch auch der Pendlerverkehr nach Bremen bei, was die Pendler dort erwirtschaften, wird Bremen zugerechnet. Besucht man Delmenhorst, scheint es eine unterschätzte Stadt zu sein. Vor allem der 1912-14 erbaute Jugendstilrathauskomplex, zu dem auch ein Wasserturm gehört, überrascht. Mit der Nordwolle besteht zudem ein historistischer Industriekomplex, der in seiner Geschlossenheit im Nordwesten einzigartig ist.

❖ Bad Bentheim

Im flachen Emsland, kurz vor der niederländischen Grenze, überrascht Bad Bentheim durch eine Topografie, die bewegter ist als erwartet. Der Hügel, auf welchem die unspektakuläre Altstadt liegt, ist zudem von einer sehenswerten, von dicken Mauern umgebenen Burg gekrönt. In Bad Bentheim halten die internationalen Züge Berlin-Amsterdam länger als erwartet, denn hier findet meist ein Lokwechsel statt. Der Bahnhof ist darauf jedoch kulinarisch nicht vorbereitet, zu essen gibt es hier nichts. Mittlerweile ist die Bahnstrecke nach Nordhorn und weiter nach Neuenhaus reaktiviert worden, und der Bahnhof hat weiter an Bedeutung gewonnen und wurde 2019 sogar zum Bahnhof des Jahres gewählt.

❖ Vechta

Durch die Universität mit mittlerweile fast 5000 Studenten ist die einst betuliche Mittelstadt Vechta (33 000 Einwohner) viel lebendiger geworden. Über die Bahnanlagen führt eine neue Fußgänger- und Radfahrerbrücke, die einen beeindruckenden Blick auf ein neues urbanes Viertel am Bahnhof bietet. Ein bisschen Großstadtfeeling auf dem

Lande. Die Altstadt selbst mit der Großen Straße als dominierender Achse ist von lebhaftem Einkaufsgeschehen geprägt. Was ein bisschen fehlt, ist eine Fußgängerzone mit gemütlichem Marktplatz, eine verwinkelte abgegrenzte Altstadt oder ein markantes Stadtgewässer.

Am Marktplatz aber immerhin gleich zwei Denkmäler. Eines für Warwick Rex, das Pferd mit welchem Alwin Schockemöhle 1976 Olympiasieger und Weltmeister wurde. Ein anderes für den Straßenfeger Martin, der von 1959 bis zu seinem Tode im Jahr 1984 beim Bauhof der Stadt Vechta beschäftigt war. Tag und Nacht reinigte das scheue und gewissenhafte Vechtaer Original Martin Taubenheim die Große Straße mit Kehrwagen und Besen. Für den berühmten Sohn der Stadt, den Dichter Rolf Dieter Brinkmann (1940-1975) gibt es jedoch leider kein Denkmal.

Fahrradbrücke über die Bahnlinie

❖ Bad Iburg

Im April 2021 fahre ich bis Neuenhaus, der Endstation der 2019 wieder eröffneten Bentheimer Eisenbahn. Eine unspektakuläre Kleinstadt mit einzelnen, sehr hübschen Gebäuden mit holländisch wirkenden Giebeln. Ich bleibe am einstigen Wohnhaus des Plattdeutsch-Dichters Karl Sauvagerd (1906-1992) stehen. Der schreibt über die Stadt:
Wo in de Vechte flööjt de Dinkel
Door ligg ne mooje kleine Stadt...

❖ Norderney

Norderney ist eine der sieben ostfriesischen Inseln und der größte Ort heißt ebenfalls Norderney. Obwohl die solide Architektur, großzügige Hotels am Meer und maritime Elemente wie Leuchttürme Borkum irgendwie sehenswert machen, ersetze ich es in dieser Auflage durch Norderney als Top-100 Stadt. Norderney hat noch ein paar zusätzliche originelle Sehenswürdigkeiten: das Nationalparkhaus Wattwelten, ein repräsentatives Kurhaus, diverse Jugendstilgebäude, das historisch interessante Kaiser-Wilhelm-Denkmal mit Steinen der wichtigsten deutschen Städte und sogar einen urigen ehemaligen Militärbahnhof gibt es, mit dem originellen Namen Stelldichein

❖ Wittmund

Als ich einen Taxifahrer nach Wittmund frage, meint der, da wäre nichts. Als ich im August 2021 vom Bahnhof in die Stadt laufe, habe ich erst ebendiesen Eindruck. Doch plötzlich sehe ich die Abdrücke von Händen im Pflaster der Fußgängerzone, welche übrigens Pudding genannt wird. Ist das wirklich der Originalhandabdruck von Helmut Schmidt, denke ich, oder alles nur Fake? Ein Schaufenster zeigt dann jedoch, wie die nach Hollywood-Vorbild (Walk of Fame) angelegten `Hands of Fame´ entstehen. Man sieht, wie zum Beispiel Helmut Schmidt zuhause einen Handabdruck auf einer Tonplatte hinterlässt. Dazu kommt noch eine Unterschrift. Die Platte wird dann im Wittmunder Klinkerwerk gebrannt und in die Fußgängerzone eingemauert. Der Ostfriese Otto Waalkes ist natürlich auch mit einem Handabdruck vertreten. Seit 2010 gibt es hier sogar einen Bundespräsidentenplatz mit Handabdrücken von Rau, Scheel, Herzog, Köhler, Weizäcker und Steinmeier.
Neben diesen Handabdrücken hat Wittmund durchaus weitere Sehenswürdigkeiten, so den Kirchplatz, das Rathaus und die Mühlenstraße. Dort ist auf einer Tafel zu

lesen: *Geburtshaus des Wasserbauingenieurs Ludwig Franzius (1832-1903). Er machte Bremen zum Welthafen.*

❖ Bad Iburg

Was Bad Iburg ein bisschen über das Niveau anderer netter Kleinstädte hebt, ist die bewegte Topografie mit dem über der Stadt thronenden Schloss. Ein Uhrenmuseum gibt es immerhin auch. Der Stadtkern ansonsten architektonisch eher klein und unspektakulär mit nur wenigen Fachwerkhäusern oder anderen historischen Gebäuden.

Andere Orte

Wilhelmshaven

Der Volksmund sagt: *In Aurich ist es schaurich, in Leer noch viel mehr, doch will Gott einen wirklich bestrafen, dann schickt er ihn nach Wilhelmshaven.*
Wilhelmshaven war die erste westdeutsche *shrinking city.* Einst über der Großstadtschwelle von 100 000 hat Schlicktown, wie die Stadt im maritimen Jargon auch genannt wird, heute nur noch 76 000 Einwohner. Nirgends sind die Immobilien so billig, kaum anderswo ist der Anteil von Sozialhilfeempfängern so hoch. *Drei Seiten Wasser, eine Seite Armut*, heißt es über die Stadt.
Wilhelmshaven hat auch keine richtige Altstadt. Im Krieg wurde die Innenstadt stark zerstört, aber Bauwerke, die älter als 100 Jahre waren, gab es dort sowieso nicht. Um einen Marinestützpunkt einzurichten, kaufte Preußen 1853 Oldenburg ein über 300 Hektar großes Gebiet am Jade-busen ab. Eine Siedlung wurde angelegt, und seit 1869 heißt der Ort Wilhelmshaven (nach norddeutscher Schreib-weise mit v geschrieben). Als ich im Jahre 2012 hier über-nachte, finde ich die Stadt angenehmer, als erwartet. Es ist die einzig größere Stadt an der Nordsee mit einem Südstrand. Es gibt einzelne architektonische Sehens-

würdigkeiten wie ein backsteinexpressionistisches Rathaus des Hamburger Architekten Fritz Höger (1877-1949), welches auch *Burg am Meer* genannt wird. Das einzige Problem an Wilhelmshaven: man kommt so schlecht hin. Bei meinem letzten Besuch im August 2021 empfinde ich die Stadt als geradlinig und nicht hässlich. Allerdings fehlt eine verwinkelte gemütliche Altstadt. Weil ich gleichzeitig mehrere kleine gemütliche ostfriesische Städte besuche und diese in die Liste aufnehme, entferne ich, um Platz zu schaffen, Wilhelmshaven aus der Liste der Top-100 Städte.

Bramsche

Unweit von Osnabrück am Mittellandkanal gelegen, ist Bramsche eine sehr gemütliche und behagliche Stadt. Ein Bahnhof im Stil des Backstein-Expressionismus, eine angenehme, rot gepflasterte Fußgängerzone mit intakter, jedoch unspektakulärer historischer Architektur, viel Grün in den Seitenstraßen und Parks mit kleinen Wasserläufen. Die Stadtkirche ein recht alter Bau mit einer Mischung aus romanischen und gotischen Stilelementen. Bramsche, eine intakte kleine Mittelstadt.

Schüttorf

Die Kleinstadt Schüttorf hat ein paar nette, beschaulich-gemütliche Altstadtstraßenzüge und einen sehenswerten Marktplatz. Vor allem das Rathaus aus dem 15. Jahrhundert mit seiner Sandsteinfassade und dem auffälligen Staffelgiebel bleibt in Erinnerung. Die katholische Marienkirche unweit des Rathauses, ein Bau aus dem 19. Jahrhundert, hat ebenfalls eine Fassade aus Bentheimer Sandstein. Vor dem Rathaus die für Kleinstadtmarktplätze obligatorische Brunnen-Bronzefigur. In diesem Falle ist es eine Frau, die Ziegen hinter sich herzieht, was auf die frühere wirtschaftliche Bedeutung der Ziegenhaltung hinweisen soll. Ich schaue mir noch eine Mühle am Rande der Innenstadt an, gehe zu einem Wehr des Flusses Vechte und dann zurück zum unscheinbaren Bahnhof.

Cloppenburg

Cloppenburg wurde im Zweiten Weltkrieg stark zerstört und taucht deshalb manchmal in Aufzählungen der hässlichsten deutschen Städte auf. In Wirklichkeit ist Cloppenburg gar nicht so unansehnlich. Es gibt eine lange Fußgängerzone, die in der tat eher von modernen als von historischen Gebäuden geprägt ist. Aber Architektur im alten Stil gibt es schon und die Moderne ist hier kleinteilig und nicht unbedingt hässlich. Am Busbahnhof eine Pingel-Anton-Oberschule und eine Pingel-Anton-Straße. Pingel-Anton ist der nordwestdeutsche Ausdruck für eine Kleinbahn. Eine solche (Spurweite 750 mm) fuhr von Cloppenburg bis in die 1950er Jahre ins agrarische Umland. Als ich im Bus nach Vechta sitze sehe ich auch noch den 76 m hohen Pfanni-Turm, ein Wahrzeichen Cloppenburgs.

Fußgängerzone

Haren an der Ems

Bei meinem ersten Besuch in Haren im April 2021 bringe ich leider zu wenig Zeit mit. Die Innenstadt ist sehr weit vom Bahnhof entfernt und ich muss erst ein Taxi rufen. Es bleibt gerade Zeit zur katholischen St.- Martinus-Kirche, Emslanddom genannt, zu fahren und ein Foto zu machen. Ich frage den Taxifahrer, ob er der polnischen Epoche der Stadt nach dem Zweiten Weltkrieg gewahr ist, als die Stadt von 1945-48 Maczkow hieß und ob manchmal polnische Touristen kämen. Polnische Truppen erreichten hier im April 1945 das Emsland und befreiten polnische Kriegsgefangene und Zwangsarbeiter. Im Mai 1945 wurde die Stadt von den Deutschen geräumt und 4000 polnische Bürger zogen ein. Im September 1948 verließen die letzten Polen wieder die Stadt, die durch den Emslanddom auch ein bisschen wie ein katholischer polnischer Ort wirkt. Er meinte, er kenne die Geschichte, Touristen kämen keine aber viele Polen würden hier neuerdings leben.

Varel

Varel ist eine unspektakuläre Mittelstadt mit repräsentativem Bahnhofsempfangsgebäude, angenehmer Fußgängerzone und behaglicher Altstadt. Im August 2021 besuchte ich das Museum des Malers Franz Radziwill (1895-1983) im Ortsteil Dangast, dem südlichsten Nordseebad. Radziwill lebte dort ab 1923 in einem ehemaligen Fischerhäuschen. Einst gab es hier auch eine Malerkolonie wichtiger deutscher Expressionisten (Karl-Schmidt Rottluff, Erich Heckel). Mit einem Skulpturenpfad am Deich ist Dangast noch heute der Kunst verpflichtet. Dazu gehört allerdings der eher irritierende, weil penisförmige `Grenzstein´ von Eckard Grenzer am Strand. An der Promenade ein Guckrahmen, auf dem *schwer vareliebt* zu lesen ist. Als ich das Bild poste, finden manche den Spruch eher schwach und meine Variante *Vareliebe* überzeugender.

Suurhusen

Suurhusen ist ein Dorf bei Emden, welches es durch den schiefsten Kirchturm der Welt zu einem Eintrag im Guinness Buch der Rekorde gebracht hat. Im März 2020 versuche ich den Kirchturm so zu fotografieren, dass seine Schieflage beim Posten im Internet auch gut zur Geltung kommt.

Suurhusens schiefer Kirchturm

Friesoythe

Im 2. Weltkrieg wurden 90% des historischen Stadtkerns von Friesoythe zerstört. Deshalb fehlen im Zentrum historische Bauten. Der norddeutsche Backsteinstil sorgt dennoch für eine behagliche Atmosphäre. Friesoythe nennt sich auch Eisenstadt, es war einst eine bedeutende Schmiedestadt. Entsprechende Denkmäler sind in der Innenstadt zu finden, wie ein Eisenschmied. Leider ist Friesoythe nicht an den regulären Schienenpersonenverkehr angebunden. Es gibt aber eine Museumsbahn und am verwilderten Bahnsteig wurde das historisch wirkende Schild *Friesoythe Hbf* aufgestellt. Dabei hatte die Stadt nie einen Hauptbahnhof.

Westerstede

Westerstede ist eine behagliche und lebendige, eher modern wirkende Stadt, die jedoch auch architektonische Sehenswürdigkeiten hat. Darunter der reizvolle ehemalige Bahnhof, die wuchtige St. Petri-Kirche und das Rathaus im Stil des Klinkerexpressionismus. Dazu kommt ein Backsteinwasserturm, welcher zum Wohnhaus umgebaut wurde. Als Kuriosum wurde der Marktplatz zum Duz-Platz deklariert, wo sich alle duzen sollen.

Fürstenau

Fürstenau ist eine kleine historische Hansestadt mit einer kompakten Altstadt ohne Bausünden und einem alten Stadttor, sowie einem attraktiven Innenstadtschloss mit Park und Wassergräben. Eine im Frühjahr erstaunlich hübsche Stadt.

Besuchte Städte im ehemaligen RB Weser-Ems: 46 (alle)

Top-100-Städte Norddeutschland in der Region

(Top-10 Städte der Region fett): **Osnabrück, Oldenburg, Aurich, Leer, Esens, Jever, Lingen, Meppen, Norden, Quakenbrück,** Bad Bentheim, Bad Iburg, Norderney, Delmenhorst, Emden, Papenburg, Nordhorn, Vechta, Wittmund.

<u>Andere besuchte Orte:</u> (in Klammern ohne Stadtstatus)

Bad Zwischenahn, Bersenbrück, Borkum Bramsche, Cloppenburg, Dinklage, Georgsmarienhütte, Haselünne, Lohne, Melle, Neuenhaus, Nordenham, Schortens, Schüttorf, Varel, Weener, Werlte, Wiesmoor, Wildeshausen, Wilhelmshaven.

2. Schleswig-Holstein

Im Mittelalter gab es zu den norddeutschen Hansestädten den Spruch *Lüneburg ein Salzhaus, Hamburg ein Brauhaus, Lübeck ein Kaufhaus, Braunschweig ein Zeughaus, Magdeburg ein Backhaus.*

Hamburg ist die Metropole des Nordens einschließlich von Schleswig-Holstein. Das beschaulichere Schleswig-Holstein, auch als Schläfrig-Holstein verballhornt, wird, was den Städtetourismus betrifft, wiederum von der alten Hansestadt Lübeck dominiert (vom Namen des Lübecker Buchdruckers Johan Balhorn der Jüngere,1550-1604, leitete sich übrigens der Begriff verballhornen ab). Die Landeshauptstadt Kiel ist von nüchterner Architektur geprägt und keine Touristenstadt, verbessert sich aber leicht nach Aarhuser Vorbild. Flensburg ist eine schöne, im Krieg unzerstört gebliebene Stadt, die durch ihre periphere Lage benachteiligt ist, aber auch Vorteile daraus zieht. Skandinavien war lange liberaler, was Pornographie betrifft, also konnte sich hier Beate Uhse entwickeln. Deutschland ist wiederum liberaler, was den Alkoholverkauf betrifft, also decken sich hier viele Dänen ein.

Zu den Städten im Hohen Norden, welche ich am häufigsten besucht habe, gehören Hamburg (schon über 40x dort gewesen), Lübeck (über 20x), Kiel (mehr als 10x), Neumünster, Rendsburg, Flensburg und Husum (mindestens 5x). In den anderen Städten Schleswig-Holsteins war ich jeweils nur ein einziges Mal, hoffe aber, manche davon im Jahre 2020 nochmal besuchen zu können.

Richtig geflasht hat mich bereits bei meinem ersten Besuch Hamburg, für Lübeck brauchte es mehrere Anläufe, aber mit jedem Besuch fand ich die Stadt besser. So ging es mir auch mit Husum. Bei Flensburg mit seiner langen schönen Fußgängerzone und der Förde und bei Lauenburg hat es so ein bisschen Klick gemacht.

Die zehn Städte, welche mich am meisten beeindruckten:

❖❖ ⊕ **Lübeck**

Lübeck gehört eindeutig zu den schönsten norddeutschen Städten. Die 5 stolzen Backsteinkirchen (deshalb *auch Stadt der sieben Türme* genannt) zeigen die einstige Bedeutung der Stadt. Lübeck hat einst als *Königin der Hanse* weite Bereiche des Ostseeraumes beeinflusst. Im Krieg nur wenig zerstört, wurden Bausünden der Nachkriegszeit korrigiert, und es wird laufend an einer weiteren Stadtverschönerung gearbeitet. Als eine der ersten deutschen Städte wurde Lübeck 1987 in die UNESCO-Liste des Weltkulturerbes aufgenommen und nennt sich heute auch *Wohlfühlhauptstadt*. Als ich im November 2018 in Lübeck das Opernhaus besuche, komme ich auf dem Rückweg zum Hotel in der Beckergrube am Sitz der Possehl Erzkonto GmbH vorbei, einem weltweit tätigen Unternehmen mit heute 13000 Beschäftigten. Der kinderlos gebliebene Lübecker Unternehmer Emil Possehl (1850-1919) gründete eine Stiftung, die auch die Stadtsanierung und Verschönerung Lübecks fördert. Entsprechende Hinweise waren schon im Stadttheater aufgefallen, und ich sehe sie wieder, als ich am Gründungsviertel vorbei gehe, wo nach Abriss zweier Schulen eine kleinteiligere Wohnbebauung auf alten Grundrissen entsteht. Unweit des Theaters gleich drei Ausstellungshäuser bzw. Museen, die auf mit der Stadt verbundene Persönlichkeiten hinweisen: das Buddenbrookhaus als Museum für den in Lübeck geborenen Thomas Mann, das Willy-Brandt-Haus (Brandt, 1913-1992 ist ebenfalls in Lübeck geboren) und das Günter-Grass-Haus (1927-2015). Grass, in Danzig geboren, lebte viele Jahre in Lübeck. Für mich als Comicfan ist ein weiterer Lübecker wichtig: Rötger Feldmann alias Brösel, der Autor der von mir in meiner Jugend viel gelesenen Werner-Comics, und in Lübeck-Travemünde geboren.

❖❖ ⊛ Flensburg

Flensburg ist eine sehenswerte, an einer Förde (also an einem Fjord, deshalb das Motto *Stand, Land, Fjord*) gelegene Stadt mit sehr langer, attraktiver Fußgängerzone. Im Krieg blieb Flensburg unzerstört und beherbergte ganz zum Schluss sogar noch die Reichsregierung. Vielen Deutschen läuft bei der Erwähnung von Flensburg jedoch ein kalter Schauer über den Rücken. Denn Flensburg bedeutet für viele Kraftfahrtbundesamt und damit zusammenhängende Strafpunkte. Früher wurde Flensburg zudem mit Beate Uhse (1919-2001) und ihrem Erotikversand assoziiert.

Heute wächst die Stadt und könnte in mittlerer Zukunft die 100 000-Einwohner-Marke erreichen. Oberbürgermeisterin Simone Lange, die im April 2018 überraschend für den SPD-Bundesvorsitz kandidierte, meinte angesichts aktueller Baumaßnahmen *Flensdorf* würde endlich zu *Flensstadt*.

☞ *Von Flensburg bis Füssen* ist ein Ausdruck, der die Nord-Süd-Ausdehnung der (alten) Bundesrepublik beschreibt.

❖❖ Husum

Doch hängt mein ganzes Herz an dir
Du graue Stadt am Meer

Der Husumer Schriftsteller Theodor Storm (1817-1888) schrieb 1851 diese Zeilen in einem Gedicht über seine Stadt. Es war dieses einprägsame Gedicht, was mich bewegte, überhaupt in diese Stadt zu fahren. Ich fand dort im Frühjahr 1988 aber eine eher bunte und fröhliche kleine Stadt vor. Im Jahr 2022 besuchte ich sie zweimal und fand sie nun sehr anziehend und reizvoll, mit ihrem stadtnahen Hafen, ihrer Übersichtlichkeit ihrer behaglichen Architektur und der Lebendigkeit einer kleinen Mittelstadt in einer Touristenregion.

❖ Kiel

Die Landeshauptstadt Kiel ist älter als es scheint, war jedoch im Mittelalter keine bedeutende Stadt und kam erst 1871 zu Deutschland. Als Marinestandort wurde Kiel im Krieg stark zerstört, dann in eher einfacher und atmosphäreloser Weise wiederaufgebaut. Noch heute gibt es innenstadtnah viele unwirtliche Ecken. Als ich hier im November 2018 das Opernhaus besuche, komme ich im Bahnhof so richtig klassisch an, denn es ist ein Kopfbahnhof. Der in Kiel lebende Schriftsteller Feridan Zaimoglou hat einmal seine Erleichterung ausgedrückt, hier mit dem Zug einzufahren. Auf dem Weg zum Opernhaus geht es Treppen zum Rathaus runter, die Topografie erweist sich als bewegter als gedacht. Der beleuchtete Rathausturm erinnert mich an den Campanile von Venedig. Das Opernhaus am Rathausplatz ist in seiner wuchtigen Kubatur fast beeindruckend. Kiel ist eine Stadt, die in den letzten Jahren laufend besser wurde. Man hat sich das dänische Arhus als Vorbild genommen und will die Stadt durch neu angelegte Gewässer aufwerten. Im Sommer 2020 verbessert ein neuer Kanal bereits deutlich die Anmutung der Innenstadt. Auch aus der Lage an der Meeresbucht schlägt man Kapital. Trotzdem ist die Innenstadt weiterhin nicht besonders gemütlich. Als ich mit Freunden im Spätsommer 2022 durch die Fußgängerzone laufe sind sie es angesichts der faden Wiederaufbauarchitektur bald leid und wir gehen zur Förde. Dort wiederum bemerken wir das Fehlen guter und behaglicher Gaststätten. Es wundert einen, dass man dort nirgends bei gutem Essen mit Blick aufs Wasser sitzen kann. Mit der Kieler Woche hat die Stadt ein bundesweit beachtetes Segelevent und bezeichnet sich denn auch als *Sailing city*, scherzhaft sagen die Bewohner auch *Kielifornia*. Lange eine Handballstadt, ist Kiel mittlerweile auch im Fußball erfolgreicher und hofft, dass Holstein Kiel auch einmal in die erste Bundesliga aufsteigt.

❖ ⊛ Friedrichstadt

Mit seinen Grachten trägt das von holländischen Siedlern erbaute Friedrichstadt auch den Beinamen *Venedig des Nordens*. Von Wasser umgeben und durch Gräben unterteilt ist es jedoch nur ein kleines Venedig. Das niederländische Erscheinungsbild ist in Schleswig-Holstein dennoch etwas Besonderes. Am Marktplatz schmale Häuser mit hellen Fassaden und prägnanten Treppengiebeln. Nur einmal bin ich in Friedrichstadt, es scheint eine der schönsten Kleinstädte des Nordens zu sein.

❖ ⊛ Eutin

Eutin ist eine blitzsaubere, angenehme Kleinstadt. Die Fassaden der Innenstadt sind überwiegend in Weiß gehalten, mit ein paar Backsteinfachwerkhäusern dazwischen. Zur Attraktivität der Stadt tragen ein innenstadtnaher See mit Promenade sowie ein Schloss bei. Bei meinem Besuch im September 2022 bin ich beeindruckt, wie hübsch die Stadt doch ist. Der Marktplatz wird gerade saniert und auf einem Schild ist zu lesen `Vorfreude auf den schönsten Marktplatz Norddeutschlands´. Und das scheint nicht einmal völlig unrealistisch zu sein. Einer der schönsten ist er sicher.

❖ Rendsburg

Rendsburg hat mehrere verkehrstechnische Sehenswürdig-keiten aufzuweisen. Zum einen gibt es eine Eisenbahn-brücke über den Nord-Ostseekanal. Dann eine Fußgänger-unterführung unter dem Kanal hindurch, die sehr lange Rolltreppen aufweist. Schließlich überquert noch eine Schwebefähre den Kanal, weltweit gibt es davon nur noch 8. Diese war bei meinem letzten Besuch, nach Schäden durch eine Schiffskollision, endlich wieder in Betrieb. Von dort kann man auch die großen Schiffe bewundern, die durch den Nord-Ostseekanal fahren.

Rendsburger Schwebefähre

Im Spätsommer entdecke ich in Rendsburg dann auch noch die längste Sitzbank Deutschlands. Kunst und Skulpturen gibt es in der Stadt auch viele. Rendsburg fast schon ein Geheimtipp. Die Altstadt ist auch nicht schlecht.

Von Rendsburg kann man zudem zu Fuß nach Büdelsdorf laufen, wo jedes Jahr in den Hallen einer ehemaligen Gießerei die sehenswerte Kunstausstellung *Nordart* stattfindet.

❖ ❀ Ratzeburg

Ratzeburg hat einen beeindruckenden Backstein-Dom und liegt auf einer Insel im Ratzeburger See, die ich im August 2012 mit einem Kanu fast umrunde. In Ratzeburg gibt es gleich zwei Künstlermuseen, die ich damals beide besuche. Eines für Ernst Barlach, der einen Teil seiner Kindheit hier verbrachte, und eines für A. Paul Weber, dessen dystopische Zeichnungen ich aus Schultagen kannte, und der seine letzten Lebensjahre in Schleswig-Holstein verbrachte

❖ ❀ Mölln

Mölln ist eine hübsche Kleinstadt mit einer Mischung von backsteinsichtigen und weißen Putzfassadenhäusern. Ein kleiner Stadtsee trägt zudem zur Attraktivität der Stadt bei.

Mölln ist als Eulenspiegelstadt bekannt. Im Jahr 1350 soll Tyll Eulenspiegel in Mölln gestorben sein. In Mölln gibt es einen Eulenspiegelbrunnen und einen Eulenspiegel-Gedenkstein, den manche für das Grab des Narren halten. Im Spätsommer 1992 besuche ich erstmals Mölln und bin von der Stadt angetan. Noch im November des gleichen Jahres rückt leider ein Neonazi-Brandanschlag die Stadt in ein schlechtes Licht.

❖ ✿ Lauenburg

Lauenburg, einst Sitz eines Herzogtums, liegt im äußersten Südosten Schleswig-Holsteins, an Elbe und Elbe-Lübeck-Kanal. Es ist sogar die südlichste Stadt des Bundeslandes. Die schmale schöne Backsteinaltstadt unterhalb eines Hanges zieht sich die Elbe entlang hin. Schon 1988 beeindruckt mich die Stadt beim bisher einzigen Besuch. Ich muss unbedingt nochmal hin, denn Lauenburg altert schnell. Im Jahr 1960 feierte die Stadt ihren 700. Geburtstag, im Jahre 2009 bereits den 800. Geburtstag. Man hatte wohl noch ältere Dokumente gefunden.

Weitere Städte in den Top-100 Norddeutschlands

❖ Schleswig

In Schleswig war ich erst ein einziges Mal, und das ist auch schon etliche Jahre her. Mit der ehemaligen Hauptstadt des Herzogtums Schleswig bin ich bisher nicht so richtig warm geworden. Vielleicht liegt es daran, dass das Stadtgebiet weitläufig und der Bahnhof recht weit vom Stadtzentrum gelegen ist. Zudem gilt Schleswig als schläfrig. Zumindest liegt die Stadt schön an der Schlei, einem Fjord. Vielleicht muss ich Schloss Gottorf und die Wikingersiedlung Haithabu besuchen, um Schleswig in besserem Licht zu sehen.

❖ Arnis an der Schlei

Mitten im blitzenden Strome
Weiß ich ein Städtchen fein,
Freilich, nicht hohe Dome
Prunken im Abendschein,
Schlösser, fürstliche Hallen
Sucht ihr umsonst dabei:
„Doch lieb ich dich vor allen,
Arnis, du Perle der Schlei"

Dr. Arthur Witt, Arnis

Dieses Gedicht findet sich auf der Homepage der Stadt Arnis. Arnis hatte im Jahr 2018 nur 284 Einwohner und ist damit die kleinste Stadt Deutschlands. Im November 2018 lasse ich mich von Kappeln aus mit dem Taxi hierherfahren, um diese Ministadt zu sehen. Eigentlich besteht sie im Wesentlichen aus nur einem Straßenzug mit Häusern links und rechts, und wenn man an einem Samstagnachmittag im Spätherbst hier ankommt, gibt es eigentlich wenig, was man hier überhaupt machen kann.

❖ Glückstadt

Glückstadt (Marineslang *Happy town*) ist ein kleines properes Nordseestädtchen, so fotogen, dass hier schon manche Filmszene gedreht wurde. Als ich mit meinem Bruder im Jahre 1996 die Stadt besuche, hatten wir leider kein Glück mit dem Zug, denn wir landeten auf der falschen Seite des Bahnhofs und konnten die Gleise nicht über-queren. Eine Unterführung gab es wegen des feuchten Marschbodens leider nicht.

❖ Bad Segeberg

Bad Segeberg ist ein kleines, beschauliches Städtchen am Rand der Holsteinischen Schweiz. Der Grund für mich, hierher zu fahren war, den Kalkberg zu sehen, an dessen Fuß die Karl May-Festspiele stattfinden. Man kann auf dem Felsen herumkraxeln und hat interessante Ausblicke auf Stadt und Landschaft. Man nimmt sich vor, zur Festspielzeit wieder zu kommen, auch wenn die Zeiten, als Pierre Brice hier den Winnetou gab, lange vorbei sind.

❖⊛ Plön

Plön hat einen schön gelegenen Bahnhof, unterhalb des Schlosses mit einem Bahnsteig direkt am Plöner See. In dem kleinen Städtchen sind die Wege kurz, und schnell ist man vom Bahnhof in der langgestreckten Fußgängerzone, von welcher schmale Kopfsteinpflastergassen abgehen. Man sagt auch *schön, schöner, Plön* und es gibt ein Lied *Plön ist schön*. Als ich die Stadt 1991 mit einer Freundin besuchte, konnten wir dem durchaus zustimmen. Bei einem Zweitbesuch im Spätsommer 2022 bestätigt sich der positive Eindruck.

❖ Eckernförde

In Eckernförde kann man im Fischereihafen an einem Gebäude Folgendes lesen: *„In Eckernför, dor hebbt se't rut, ut Sülver Gold to maken".* Das bezieht sich auf die Kieler Sprotten (die eigentlich aus Eckernförde kommen, aber früher in Kiel am Bahnhof den dortigen Frachtstempel bekamen und deshalb so genannt wurden), die beim Räuchern eine goldene Farbe bekommen. Eckernförde, im Krieg unzerstört, ist heute eine behagliche Mittelstadt mit angenehmer Fußgängerzone und allerlei maritimen Sehenswürdigkeiten. Zweimal habe ich bisher die Stadt besucht und störe mich nur am wenig repräsentativen, Bahnhofs.

❖ Kappeln

In Kappeln war ich erst einmal, und zwar auf dem Weg von Flensburg nach Kiel. Da Kappeln keinen Bahnanschluss hat, musste ich in Süderbrarup in den Bus umsteigen. In Kappeln fand ich eine intakte Altstadt mit malerisch buntem Marktplatz und einer interessanten Schlei-Promenade vor. Von Kappeln geht es dann in die winzige Stadt Arnis.

❖ Glücksburg

Viele glauben Flensburg wäre die nördlichste Stadt Deutschlands. Doch das stimmt nur fast, denn das nahe Glücksburg liegt noch ein bisschen nördlicher. Ich besuche, aus diesem Grund, von Dänemark kommend, im März 2016 Glücksburg. Auch das fotogene Wasserschloss, welches in einem Memoryspiel zu Deutschland abgebildet war, mit welchem ich in jüngeren Jahren oft spielte, bewegte mich, hierher zu kommen.

Schloss Glücksburg

❖ Neumünster

Neumünster taucht manchmal scheinbar zu Unrecht auf Listen zu den gesichtslosesten und hässlichsten deutschen Städten auf. Ok, der Einstieg ist nicht so großartig, der Bahnhof macht wenig her. Man findet hier jedoch eine angenehme Innenstadt mit etlichen kultivierten Klinkerstraßenzügen. Was der Ortsfremde nicht sieht und zum Beinamen *Neufinster* beigetragen hat, ist die lokale Neonaziszene.

Andere Orte

Oldenburg

Oldenburg in Holstein wird immer wieder mit Oldenburg in Oldenburg (Niedersachsen) verwechselt. So ging es mir einmal, als ich hörte, die Stadt wäre einst ein slawischer Fürstensitz gewesen und hieß früher Starigrad (Alte Burg). Das wurde eingedeutscht zu Aldinburg und später Oldenburg. Ich wunderte mich, dass die Slawen so weit im Westen gesiedelt hatten, also fast schon in Ostfriesland. Es war jedoch das holsteinische Oldenburg gemeint. Im Sommer 2015 besuche ich Oldenburg und finde eine unspektakuläre, aber akzeptable Kleinstadt vor.

Handskizze Schleswig-Holstein

Besuchte Städte Schleswig-Holstein: 63 von 63 (alle)

Top-100-Städte Norddeutschland in der Region

(Top-10 Städte der Region fett):

**Lübeck, Flensburg, Kiel, Husum, Friedrichstadt, ,
Rendsburg, Eutin, Ratzeburg, Mölln, Lauenburg,**
Schleswig, Glückstadt, Neumünster Bad Segeberg, Arnis an
der Schlei, Plön, Eckernförde, Glücksburg, Eutin, Kappeln.

Andere besuchte Orte: (in Klammern ohne Stadtstatus):

Ahrensburg, Bad Oldesloe, Bredstedt, Brunsbüttel, Büdelsdorf,
Fehmarn-Burg, Pinneberg, Preetz, Norderstedt, Oldenburg,
(Süderbrarup), (Timmendorfer Strand), Wedel, Wilster,
(Westerland), Bargteheide, Barmstedt, Geesthacht, Glinde,
Heiligenhafen, Kaltenkirchen, Krempe, Marne, Meldorf,
Neustadt i. H. Nortorf, Quickborn, Reinfeld, Reinbek,
Schenefeld, Tornesch, Uetersen, Wyk auf Föhr

4. Mecklenburg-Vorpommern

Mecklenburg-Vorpommern ist ein kleines, schrumpfendes Bundesland mit nur 1.6 Millionen Einwohnern. Bismarck meinte einst, wenn die Welt unterginge, würde er nach Mecklenburg ziehen, denn dort passiere alles 50 Jahre später. Die wirtschaftliche Spätentwicklung hat allerdings auch dazu geführt, dass viele alte Städte hier weniger durch die Industrialisierung überformt wurden als anderswo. Weil es hier zudem weniger Kriegszerstörungen gab, hat Mecklenburg-Vorpommern, im Volksmund auch Meck-Pomm genannt, heute einen überproportionalen Anteil sehenswerter Städte. Mittlerweile sind die Altstädte saniert und sehen besser aus als jemals zuvor.

Die zehn Städte, welche mich am meisten beeindruckten:

❖❖ ✿ Schwerin

Die Landeshauptstadt Schwerin ist im Zweiten Weltkrieg nicht zerstört worden und durch die vielen Gewässer und das Schloss ebenfalls sehenswert. Leider ist sie zu klein, um *schwer in* zu sein. Nach langen Jahren der Schrumpfung hofft sie jedoch, wieder über die 100 000 Einwohner-Marke zu kommen (zurzeit 96 000 Einwohner). Noch zu DDR-Zeiten war Schwerin die erste Stadt im Osten, welche ich besucht hatte. Damals gab es auch in der DDR eine kleine Energiekrise, und ein Stadtplaner erklärte uns, wie man bei Neubaugebieten wieder mehr auf die Straßenbahn setzen würde. Schwerin schien mir damals in besserem Erhaltungszustand als die Industriestädte im Süden, die ich während der Exkursion auch noch kennen lernen sollte.
Als ich 1999 die Stadt nochmal besuchte, waren die Straße zum Schloss mit seiner Märchenatmosphäre und der Platz davor bereits so gut saniert, dass sich ein richtiger wow-Effekt einstellte. Dazu kommen attraktive Wasserlagen in

der Stadt der sieben Seen, darunter dem großflächigen Schweriner See.

Blick auf das Schweriner Schloss

❖ ❖Rostock

Rostock ist größer und etwas rauer als Schwerin. Schon 1994 verschlug mich eine Dienstreise in diese Stadt, und die Fußgängerzone machte bereits einen guten Eindruck auf mich. Auch Warnemünde, wo die Tagung stattfand, ist bereits ein sehr ansehnlicher Ortsteil, mit schönem Ostseestrand und kleinen Gassen am alten Hafen. Ich las dann, für Rostock sei sieben die heilige Zahl. Die Stadt hat sieben

Buchstaben, sieben Kirchen, sieben Stadttore etc. Im Herbst 2018 besuchte ich eine Opernaufführung in Rostock und fand mich in einem der bescheidensten Opernhäuser Deutschlands, das allerdings auch schon wieder seinen eigenen DDR-Architekturcharme hatte. Ein Neubau der Spielstätte ist geplant. Von der Waterfront Rostocks bin ich jedoch immer wieder enttäuscht. Sie ist recht atmosphäre-arm und unbelebt. Gemütlicher ist es in den kleinen Gassen der östlichen Altstadt und an den Wallanlagen.

Rostock, das noch 1992 mit den ausländerfeindlichen Unruhen im Stadtteil Lichtenhagen Schlagzeilen machte, sorgt in den letzten Jahren für positivere Nachrichten. Zum einen ist es in den letzten 10 Jahren wieder zu einer wachsenden Stadt geworden. Im September wurde ein dänischer Unternehmer, Claus Ruhe Madsen, zum Oberbür-germeister der Stadt gewählt, der erste Oberbürgermeister einer deutschen Großstadt mit ausländischem Pass. Schließlich schlug sich Rostock in der Coronakrise mit den niedrigsten Fallzahlen aller Großstädte recht gut. Und dann hat Rostock mit Centogene noch eine interessante und wachsende Biotech-Firma innerhalb seiner Stadtgrenze.

Vielleicht gilt bald wieder, was Fritz Reuter einst sagte: Jedem Mecklenburger geht das Herz auf, wenn von Rostock die Rede ist.

❖❖ ✷ **Wismar** ◈

Die Hansestädte Wismar und Stralsund finden sich seit 2002 auf der UNESCO-Welterbeliste. Zunächst kam die Stadtsanierung im weiter westlich gelegenen und besser erreichbaren Wismar schneller voran. Hier sah der riesige historische Marktplatz schon Ende der 90er Jahre wie geschleckt aus. Mittlerweile ist Stralsund insgesamt sehenswerter. Doch auch Wismar hat sich weiter verbessert. Die Backsteinkirche St. Georgen wurde bis 2010 wiederaufgebaut. Durch Umwandlung von Speichergebäuden in Wohngebäude mit Gaststätten ist die Waterfront im Stadthafen interessanter geworden. Der Hafen ist bedeutender und größer als der in Stralsund. Beim Bahnhof ist es jedoch umgekehrt, hier hat Stralsund den deutlich wichtigeren Bahnknoten. Vielleicht liegt es daran, dass ich in den letzten Jahren häufiger nach Stralsund kam, dem Tor nach Rügen, als nach Wismar.

❖❖ ⊛ Stralsund ◉

Stralsund hinkte der frühen erfolgreichen Stadtsanierung Wismars lange hinterher, hat aber mittlerweile, begünstigt auch durch den Boom des Ostsee- und Rügentourismus, aufgeholt und bietet heute ein beeindruckendes mittelalterliches Stadtbild. Die lange sterbende Altstadt ist mittlerweile vollständig saniert und zog in den letzten Jahren neue Bewohner an. Der Marktplatz mit der Pfarrkirche St. Nikolai, dem gotischen Backsteinrathaus und der bunten kleinteiligen Bebauung, die sogar DDR-Architektur einschließt, ist einzigartig. Über die drei großen Backsteinkirchen sagt der Volksmund: Stralsund hat drei Kirchen: die mächtige (Marienkirche), die prächtige (St. Nikolai), und die schmächtige (Jakobikirche). Von allen Seiten ist die als Dreieck angelegte Stadt von Wasser umgeben. Mit dem von *Behnisch Architekten* entworfenen Ozeanum, Teil des Meeresmuseums, ist moderne Architektur in den Hafen gekommen. In Stralsund gibt es sogar ein historisches Opernhaus. Stralsund ist eine der schönsten Städte Deutschlands. Hier bin ich immer wieder gerne.

❖ Greifswald

Greifswald im pommerschen Landesteil besitzt die älteste Universität des Ostseeraumes. Diese wurde bereits 1456 gegründet. Zu DDR-Zeiten gab es bei den Studenten dieser etwas am Rande des Landes gelegenen Uni den Spruch: *In Greifswald weinst du zweimal* (wenn du ankommst, und wenn du wieder gehen musst). Auch heute ist diese beschauliche und übersichtliche Stadt nicht unbedingt etwas für Großstadtfans. Dazu passt die Legende von der Herkunft des Wortes Landpomeranze, ein Begriff aus dem 19. Jahrhundert für eine wenig kultivierte, ländlich-provinzielle, vor allem weibliche Person. Dies leitet sich von der Südfrucht Pomeranze ab und entsprechende Frauen sollen ähnlich gerötete Wangen gehabt haben. In Berlin gibt es jedoch die Theorie, dass sich der Ausdruck auf die eher derben weiblichen jungen Bediensteten, die aus ländlichen Gegenden Pommerns kamen, ableitet.

Weil Greifswald klein ist, bietet die Stadt kurze Wege und eine hohe Lebensqualität. Wer sich erstmals mit den Verhältnissen arrangiert hat, geht hier auch nicht mehr so gerne weg. Das Kulturangebot ist beträchtlich. Das Pommersche Landesmuseum ist eines der schönsten Kunst- und Geschichtsmuseen des Landes. Zudem gibt es ein Museum für den aus Greifswald stammenden Maler Caspar David Friedrich (1774-1840). Leider jedoch ohne Originalgemälde. Sogar ein stattliches Theater mit klassischer Säulenfront und Opernaufführungen gibt es.

❖ ⊛ Güstrow

Die Stadt Güstrow ist eng mit dem Bildhauer Ernst Barlach (1870-1938) verbunden. Hier gibt es ein Barlach-Museum, und ein Barlach-Engel schwebt durch den Dom. Im Dezember 1981 wurde die Stadt im Westen zusätzlich durch einen Besuch von Kanzler Helmut Schmidt per Bahn bekannt. Honecker überreichte Schmidt dabei durch das Zugfenster ein Hustenbonbon. Güstrow hat im Stadtzentrum ein sehenswertes, aber sanierungsbedürftiges Schloss. Eine Schulfreundin, teilweise als Künstlerin tätig, besuchte die Stadt Ende der 90er Jahre und war begeistert und meint, wenn das mal alles durchsaniert wäre, könnten die Städte im Westen einpacken. Ich besuche die Barlach-Museen und beschaffe mir hier einen Kühlschrankmagneten, um die Stadt, einst Klein-Paris genannt, in die Liste der 100 sehenswertesten Orte Deutschlands aufzunehmen.

❖ ⊛ Parchim

Parchim in Westmecklenburg fiel mir bei meinem einzigen Besuch als recht hübsche Kleinstadt mit viel behaglicher Backsteinarchitektur auf, darunter Kirchen mit dicken Backsteintürmen und einem Rathaus mit Treppengiebel. Und etliche schmucke Fachwerkhäuser gibt es hier auch.

❖ ⊛ Teterow

Die sehenswerte Kleinstadt Teterow mit ihrer gut erhaltenen historischen Bausubstanz gilt als das *Schilda des Nordens*. Ein Beispiel für einen Schildbürgerstreich: Einst hatte ein Stadtfischer einen kapitalen Hecht gefangen. Um ihn für ein Stadtfest frisch zu halten, beschlossen die Stadtväter, ihn mit einer Glocke um den Hals zurück in den See zu setzen. Die Glocke würde läuten und der Fisch sich so wiederfinden lassen. Der Fischer fuhr hinaus, setzte den Hecht mit Glocke ins Wasser und schnitt fürs leichtere Auffinden genau an der Stelle, wo er den Fisch ins Wasser ließ, eine Kerbe in sein Fischerboot.

❖ Waren an der Müritz

Eine sehenswerte Stadt mit bunter, vielfältiger Architektur und interessanter Seepromenade ist das in der Mecklenburger Seenplatte gelegene Waren an der Müritz. Als ich mit einer Bekannten einmal eine Schifffahrt auf der Müritz mache, fragt sie, der lokalen Geografie wenig gewahr, ob das Schiff eine Staatsgrenze überqueren würde. Ich mache bei einer anderen Gelegenheit den Scherz, die Stadt wäre wegen ihres Namens vor der Wende bei DDR-Bürgern angesichts der Mangelwirtschaft (Waren) sehr beliebt gewesen.

❖ ✿ Putbus (Rügen)

Auf Rügen gibt es nur vier Städte: Bergen, zentraler Verwaltungsort der Insel, Saßnitz, Putbus und Garz. Ich klappere diese Städte sogar zweimal hintereinander ab, da beim zweiten Mal ein Bekannter dabei ist, der sie ebenfalls sehen möchte. Die schönste dieser kleinen Städte ist die planmäßig im klassizistischen Stil angelegte *Weiße Stadt* Putbus. Hier gibt es den kreisförmigen von klassizistischen Gebäuden gesäumten Circus, eine Orangerie und sogar ein historisches Theater mit klassischer Säulenfront. Hier sehe ich im Dezember 2018 eine Opernaufführung. Zu DDR-Zeiten wurden Zuschauer aus ganz Rügen mit Bussen hierher gekarrt, um das Theater zu füllen. Und sogar eine Schmalspurdampfbahn hält im Ort. Das ehemalige Schloss Putbus wurde leider 1964 abgerissen, auch aus ideologischen Gründen.

Weitere Städte der Top 100 Norddeutschland in der Region

❖ Neubrandenburg

Aus Neubrandenburg wird man nicht ganz schlau. Im Krieg hielten sich die Zerstörungen eigentlich in Grenzen, und die Stadt wurde kampflos an die Rote Armee übergeben. Die Rotarmisten brannten jedoch die Altstadt weitgehend ab. Der DDR-Wiederaufbau erfolgte entlang der historischen Grundrisse und mit relativ hoher gestalterischer Qualität, so dass man sich oft nicht ganz sicher ist, ob man es in der *Stadt der vier Tore* mit Neubauten oder mit einfach sanierter historischer Architektur zu tun hat. Bei den Wiekhäusern in der Stadtmauer geht man dann davon aus, dass diese Reste historischer Architektur darstellen. Dabei handelt es sich jedoch um Neubauten der 1970er und 1980er Jahre. Zu DDR-Zeiten gab es Pläne, Neubrandenburg zu einer Großstadt im Nordosten zu machen. Nach einem Höchststand von 90 000 Einwohnern im Jahr 1989 verlor Neubrandenburg seit der Wende mehr als ein Drittel seiner Bevölkerung. Im Jahr 2013 stabilisierte sich die Einwohnerzahl jedoch bei etwa 53 000. Angesichts guter Wirtschaftsentwicklung nannte DIE ZEIT die Stadt *Kaff der guten Hoffnung*.

❖ Neustrelitz

Neustrelitz war bis 1918 Hauptstadt von Mecklenburg-Strelitz. Es gibt noch zahlreiche Spuren der ehemaligen Funktion als Residenzstadt. Zum Beispiel ein Opernhaus, in welchem ich im Februar 2018 die Dreigroschenoper sehe. Das Schloss Neustrelitz brannte jedoch 1945 aus, die Ruine wurde 1950 abgetragen. Es gibt mittlerweile einen Beschluss, den Schlossturm wiederaufzubauen. Das würde dem Residenzviertel, wo noch Schlosskirche, Orangerie und Tempel des Hofgartens erhalten geblieben sind, wieder mehr Geschlossenheit und residenzstädtisches Flair geben. Dem Rest der Stadt fehlt es an Sehenswürdigkeiten, Leben und urbaner Dichte. Bei meinem letzten Besuch sitze ich in einem Café am Zierker See, und hier wirkt die Stadt recht attraktiv und im Sommer fast lebendig.

❖ Ribnitz-Damgarten

Das besondere an der Doppelstadt Ribnitz-Damgarten ist, dass der Ortsteil Ribnitz historisch zu Mecklenburg, Damgarten dagegen zu Vorpommern gehörte (ein norddeutsches Villingen-Schwenningen also). Als man die Städte im Jahr 1950 zusammenlegte, ging es auch darum, die Erinnerung an Pommern auszulöschen. Ribnitz-Damgarten nennt sich auch Bernsteinstadt, und um das Bernsteinmuseum zu besuchen, kam ich im Sommer 2016 in die Stadt. Ich finde eine im Krieg nicht zerstörte Mittelstadt mit intakter historischer Bausubstanz vor, der jedoch die architektonischen Höhepunkte etwas zu fehlen scheinen.

❖ Barth

Barth ist eine kleine und im Winter sehr verschlafene Boddenstadt. Im Sommer ist die Atmosphäre jedoch wunderbar, der Bodden so entspannt und erholsam. Barth nennt sich Vinetastadt und bringt seine Gründung mit der sagenumwobenen untergegangenen Stadt Vineta in Verbindung, einem Atlantis des Nordens.

❖ Bergen (Rügen)

Auf der Insel Rügen gibt es nur vier Städte: Bergen, Saßnitz, Garz und Putbus. Bergen, recht zentral auf der Insel und auf einer Anhöhe gelegen, ist quasi die Hauptstadt Rügens. Bergen ist eine in seiner historischen Architektur gut erhaltene Kleinstadt mit einem großen zentralen Marktplatz. Als zentrale Inselstadt hat Bergen einen Busbahnhof und einen Bahnhof, und von hier geht auch eine Schmalspurbahn nach Putbus und Sellin ab.

❖ Binz (Rügen)

Binz hat nicht den Status einer Stadt, hat aber als mondänes Seebad Villen, die sonst nur in größeren Städten zu sehen sind. Binz hat ein beeindruckendes gründerzeitliches Hotel, zentral an der Promenade gelegen und zusätzlich eine sehenswerte Seebrücke.

❖ Sellin (Rügen)

Sellin übertrifft Binz im Reiz seiner bebauten Seebrücke, seiner reizvollen Steilküste und den Ausblicken aufs Meer von dort oben. Die Hauptstraße säumen zudem eindrucksvolle Villen und Hotelbauten. Einen Schmalspurbahnhalt gibt es zudem auch noch.

Andere Orte

Demmin

Die Hansestadt Demmin erreicht man vom Bahnhof kommend über den Backsteinbau des Luisentors. Demmin ist eine unspektakuläre kleine ehemalige Kreisstadt im Nordosten des Bundeslandes. Noch nach der Kapitulation kam es zu Brandstiftungen der sowjetischen Armee, wodurch große Teile der Altstadt zerstört wurden. Später lese ich, dass es hier am Ende des Krieges zu einem Massenselbstmord mit etwa 1000 Toten kam, weil eine Apothekerfamilie eingeladene sowjetische Offiziere vergiftet hatte und die Bevölkerung Angst vor Gräueltaten hatte.
Heute ist die Innenstadt von DDR-Nachkriegsarchitektur geprägt. Zu den wenigen erhalten gebliebenen historischen Bauten gehört die St. Bartholomaei-Kirche.

Anklam

Der Zug von Stralsund nach Berlin fährt durch Anklam, und von der Bahnstrecke sieht man Backsteinbauten mit hanseatischer Anmutung. Ein Besuch der Stadt zeigte jedoch, dass Anklam zu den wenigen vorpommerschen Städten gehört, welche im Krieg stärker zerstört wurden. Man sieht aber auch, dass man durch Abriss von Plattenbauten und kleinteiligerer Neubebauung versucht, am Marktplatz dem alten Stadtbild wieder näher zu kommen. Außerdem gibt es das Projekt, die Nikolaikirche als Lilienthal-Zentrum wieder aufzubauen. Der Flugpionier Otto Lilienthal wurde in Anklam geboren.

Ahrenshoop

Liebliches, liebliches Ahrens-, Ahrenshoop, hier am Ostseestrande, dir gilt mein preisend, preisend Lob über Meer und Lande heißt es in einem 1908 entstandenen Lied von Oswald Körte.

Das Ostseebad ist für seine Ende des 19. Jahrhunderts gegründete Künstlerkolonie bekannt. Im kollektiven Gedächtnis der Blick vom Aussichtspunkt Hohes Ufer über eine sich hinter drei Bäumen duckende Gruppe von Reetdachhäusern hinweg auf Strand und Ostsee. Diese Ansicht ist denn auch sehr idyllisch. Besucht man den Ort, kommt er einem doch winziger vor als gedacht. Irgendwie erwartet man ausgedehntere Anlagen, und eine deutlichere Künstlerpräsenz.

Pasewalk

Eine noch stärker von DDR-Plattenbauarchitektur geprägte Innenstadt findet sich in Pasewalk. Hier war es durch die nahe Kriegsfront zu starken Zerstörungen der Innenstadt gekommen. Als ich mit einem Freund im Dezember 2018 die Stadt besuche, finden wir innenstadtnah ehemalige Plattenbauten und nur Reste historischer Bebauung, so die Stadtmauer und einzelne Stadttore und die Marienkirche am recht leeren Marktplatz. Am Rande der Innenstadt waren jedoch noch einige historistische Gebäude zu sehen, so ein beeindruckendes Backsteingymnasium und ein Amtsgerichtsgebäude.

Woldegk

Woldegk nennt sich auch Mühlenstadt. In der Stadt gibt es sechs Mühlen, drei davon mit Windrädern. Der Stadtkern der nur 4000 Einwohner zählenden Gemeinde ist jedoch winzig und wurde im Zweiten Weltkrieg zum großen Teil zerstört. Als ich hier im April 2015 ankomme, ist die Kernstadt recht schnell besichtigt.

Mühle in Woldegk

Besuchte Orte in Mecklenburg-Vorpommern:

37 von 84 Städten (plus 4 andere Orte)

Top 100 Städte- (Orte) Norddeutschland in der Region
(Top 10 Städte der Region fett):
Schwerin, Rostock, Stralsund, Wismar, Greifswald, Güstrow, Parchim, Putbus, Teterow, Waren (Müritz), Neubrandenburg, Neustrelitz, Bergen, (Binz), Anklam, Barth, Demmin, Ribnitz-Damgarten, Saßnitz, (Sellin).
Andere besuchte Orte: (Ahrenshoop), Bad Doberan, (Bad Kleinen), Gadebusch, Grabow, Garz (Rügen), Grevesmühlen, Grimmen, Klütz, Ludwigslust, Neustadt-Glewe, Ostseebad Kühlungsborn, Pasewalk, Schönberg, Strasburg, Stavenhagen, Torgelow, Ueckermünde (Velgast), Woldegk, (Zingst), (Züssow).

Anhang

Symbole

❖ Top 100-Stadt von Norddeutschland

❖❖ Top 100 Stadt Deutschland

🏭 Nationale Metropole (Hamburg)

🏛 Regionale Metropole (Hannover)

🏭 Stadt mit interessantem Industrieerbe

⊛ Stadt mit gut erhaltenem historischem Ortsbild

Nordhorn

1. Von mir besuchte Städte und Gemeinden nach Bundesländern

Region	Besichtigte Städte (+ andere Orte)	Gesamtzahl der Städte	% gesehen
Berlin Brandenburg	69 (+6)	114	61
Mecklenburg-Vorpommern	37 (+4)	84	44
Sachsen-Anhalt	41	104	39
Thüringen	34	118	29
Sachsen	46	169	27
Hamburg Schleswig-Holstein	64	64	100
Bremen	2	2	100
Niedersachsen	158 (+4)	158	100
NRW	272 (+1)	272	100
Hessen	105 (+2)	190	55
Rheinland-Pfalz	80 (+1)	130	57
Saarland	17	17	100
Baden-Württemberg	170 (+7)	312	55
Bayern	186 (+20)	313	59
Deutschland	1213 (+44)	2048	59

2. Die Top-100 Städte des Nordens
(Top 100 Deutschland unterstrichen, 21 Städte)

Region	Top 10	Weitere Top 100 Nord
Bremen (2)	Bremen	Bremerhaven
Ex RB Hannover (11)	Hannover, Hildesheim, Hameln, Bückeburg, Stadthagen, Bad Pyrmont, Rinteln, Nienburg, Alsfeld, Wunstorf	Bad Salzdetfurth
Ex RB Braunschweig (17)	Braunschweig, Göttingen, Wolfenbüttel, Goslar, Hann. Münden, Duderstadt, Einbeck, Königslutter, Helmstedt, Northeim	Uslar, Osterode, Bad Gandersheim, Gifhorn, Wolfsburg, Hardegsen, Hornburg
Ex RB Lüneburg (13)	Lüneburg, Celle, Stade, Buxtehude, Cuxhaven, Uelzen, Worpswede, Dannenberg, Verden, Hitzacker	Lüchow, Otterndorf, Walsrode
Ex RB Wester-Ems (19)	Osnabrück, Oldenburg, Aurich, Leer, Esens, Jever, Quakenbrück, Lingen, Norden, Meppen	Bad Bentheim, Bad Iburg, Norderney, Delmenhorst, Emden, Papenburg, Nordhorn, Vechta, Wittmund
Schleswig-Holstein/Hamburg (19+1)	Hamburg, Lübeck, Flensburg, Husum, Kiel, Friedrichstadt, Rendsburg, Ratzeburg, Eutin, Mölln, Lauenburg	Schleswig, Glückstadt, Bad Segeberg, Plön, Eckernförde, Glücksburg, Neumünster, Kappeln
Mecklenburg-Vorpommern (18)	Schwerin, Rostock, Stralsund, Wismar, Greifswald, Güstrow, Parchim, Putbus, Teterow, Waren (Müritz)	Neubrandenburg, Neustrelitz, Bergen, (Binz), Barth, Ribnitz-Damgarten, Saßnitz, (Sellin)

2. Liste der neun historischen Städte Niedersachsens

Braunschweig
Celle
Göttingen
Goslar
Hameln
Hannover
Hildesheim
Lüneburg
Wolfenbüttel

3. Merian-Liste der 10 schönsten Städte Schleswig-Holsteins:
Arnis, Glücksburg, Friedrichstadt, Lübeck, Lauenburg, Ratzeburg, Mölln, Flensburg, Husum, Schleswig.

4. Quermania-Wahl der schönsten Städte (Stimmen)
www.quermania.de

Niedersachsen
1. Hannoversch Münden	831
2. Lüneburg	580
3. Goslar	464
4. Duderstadt	177
5. Goslar	140
6. Celle	125
7. Braunschweig	78
8. Hannover	39
9. Oldenburg	38
10. Stade	36
11. Göttingen	31
12. Hameln	30
13. Hildesheim	18
14. Wolfenbüttel	14
15. Bad Pyrmont	13
16. Einbeck	11

17. Rinteln	9
18. Leer, Dannenberg	8
20. Helmstedt, Gifhorn	6
22. Stadthagen	5
23. Hornburg, Quakenbrück, Lingen	4
27. Bad Gandersheim, Northeim, Verden	
Königslutter, Bückeburg, Hitzacker	3
33. Bad Harzburg	1

Mecklenburg-Vorpommern

1. Wismar	374
2. Schwerin	247
3. Stralsund	148
4. Rostock	144
5. Güstrow	112
6. Putbus	66
7. Neustrelitz	57
8. Greifswald	48
9. Bad Doberan	37
10. Kühlungsborn	31
11. Parchim	28
12. Teterow	11
13. Ueckermünde, Waren	8
15. Neustadt Glewe	6
16. Woldegk, Ludwigslust	4
18. Neubrandenburg	2
19. Grabow (Elde)	1

Schleswig-Holstein

1. Lübeck	808
2. Glückstadt	441
3. Schleswig	75
4. Lauenburg (Elbe)	44
5. Friedrichstadt	42
6. Husum, Flensburg	32
8. Kiel	25
9. Rendsburg	15
10. Mölln	11
11. Bad Segeberg	8

5. UNESCO-Welterbe-Städte in Norddeutschland

Ganze Altstadt
Goslar
Lübeck
Stralsund
Wismar

Einzelne Gebäude

Alfeld	Fagus-Werk
Bremen	Rathaus und Roland
Goslar	Bergwerk Rammelsberg
Hamburg	Speicherstadt und Kontorhausviertel
Hildesheim	Dom und Michaelskirche
Schleswig	Haithabu und Danewerk

6. Übernachtungszahlen
Städte über 100 000 Einwohner, 2019 (Millionen)

Hamburg	15.4
Bremen	2.35
Hannover	2.34
Rostock	2.29
Lübeck	2.13
Braunschweig	0.71
Wolfsburg	0.66
Göttingen	0.60
Osnabrück	0.49
Bremerhaven	0.47
Oldenburg	0.40
Hildesheim	0.32
Salzgitter	0.17

Quelle: Statistisches Bundesamt

Weitere Bücher des Autors zu Städten
(Siehe www.bod.de)

Weg ist das Ziel
Wie ich 1001 Stadt in Deutschland besuchte
Books on Demand, Norderstedt 2020

Butterseelenallein
100 Städte in Baden-Württemberg und im Elsass, welche
man kennen sollte.
Books on Demand, Norderstedt 2021

Tief im Westen
100 Städte im Westen Deutschlands, welche man kennen
sollte
Books on Demand, Norderstedt 2021

Zeitzeeing
100 Städte in Mittel- und Ostdeutschland, welche man
kennen sollte
Books on Demand, Norderstedt 2021

Von Kassel bis Kusel
100 Städte in Hessen, Rheinland-Pfalz und im Saarland,
welche man kennen sollte
Books on Demand, Norderstedt 2021

Weiß-blaue Schatzkästlein
100 Städte in Bayern, welche man kennen sollte
Books on Demand, Norderstedt 2021

Puppenstube und Frittenbude
100 Städte in den Beneluxländern, welche man kennen
sollte
Books on Demand, Norderstedt 2021